LUMINESCENCES DES PAROLES ET DES SILENCES

Solange Sudarskis

4

Vagabondages maçonniques

TABLE DES MATIÈRES

NB. Pour épargner le lecteur souhaitant accéder aux références de la documentation sur le web, des liens avec frappe au clavier simplifiée ont été créés avec le logiciel *tinyurl.com*.

1 PAROLE ET PAROLES

Un jeune homme alla trouver son Maître et lui dit: «Puis-je te parler? Le Maître lui répondit: Reviens demain, nous parlerons». Le lendemain, se présentant à nouveau à lui, le jeune homme lui dit: Puis-je te parler?. Tout comme la veille, le Maître lui répondit: Reviens demain, nous parlerons». Hier, je suis venu, répondit le jeune homme déçu, et je t'ai posé la même question. Refuses-tu de me parler? Depuis hier nous dialoguons» répondit en souriant le Maître, Est-ce notre faute si nous avons tous deux de mauvaises oreilles?

Il faut faire la différence entre dire et parler. On mesure la portée de leur sens avec les mots hébreux אָמַר (dire, *amar*), utilisé pour exprimer la parole créatrice de D.ieu en Gén., 1,3 (qui serait le logos) et דָּבַר (parole prononcée, *daber*) en Exode, 20,1. La parole est une voie d'expression compréhensible de l'homme. En utilisant le mot verbe pour désigner la parole parlée on entretient donc une ambiguïté. La parole se situe à l'intérieur de la relation interpersonnelle tandis que le verbe se situe à l'extérieur de cette relation.

Dans un article de *Libération* intitulé *La communication sans paroles* Valère Novarina écrit: «La parole n'échange aucun sens mais ouvre un passage. De l'un à l'autre elle est notre passage à l'intérieur des mots, notre ouverture à l'intérieur des mots; notre voyage est la façon que nous avons de passer avec eux. Toute parole que nous échangeons transmet avec elle le secret de la parole. Il y aurait donc un passage secret entre nous dans l'échange parlé. La parole ne se communique pas comme une matière marchande, comme une denrée, comme de l'argent; elle se transforme, elle passe et elle se donne. Vivante de l'un à l'autre, la parole passe entre nous et se transforme de nous avoir traversés. C'est le don de parler qui se transmet: le don de parler que nous avons reçu et qui doit être donné… Parler est l'aventure de nous dire aux uns les autres ce qui peut être dit. Très précisément chaque mot désigne l'inconnu. Le silence le plus profond est une parole, de même que l'immobilité vraie est un mouvement. Le vrai mystère n'est ni ténébreux, ni voilé mais une lumière extrême jetée sur soi, toute notre vue est parlée. C'est un autre monde que nous verrions si nous avions d'autres mots. Tout le visible est un renouvellement perpétuel de paroles».

L'initié sait que même la pensée est un fluide qui se répand, forme et transforme. «C'est pourquoi, ici surtout, il faut purifier tes intentions et ton cœur. Que le bien seul oriente ta volition» exhortait Grillot de Givry.

Le symbole se contemple, la signification se dit.

Le premier est de l'ordre du visible, la seconde de l'ordre de l'audible. L'homme, en réfléchissant, construit le pont entre le visible et l'audible, son langage traduit et opère les passages.

Rechercher la parole, c'est tenter de découvrir la clé qui nous ouvre les portes du monde extérieur, d'une part, et tenter de communiquer à autrui ce qui est au plus profond de notre monde intérieur d'autre part[1]. La parole est une structure vivante, qui devient partie intégrante de la durée du vécu de tous. De même, au cours de son élaboration en tant que texte, elle est partie intégrante de la durée de l'auteur. Si l'un de frères ou sœurs lisait des planches d'accueil d'orateur, il se pourrait que le résultat fût différent, et même que l'interprétation que l'on en donnerait ne correspondît pas à celle de l'auteur. La parole d'un intervenant est créée de son souffle et cette création, pour lui, est en même temps son accomplissement et sa limite, puisqu'il ne peut se substituer à nous dans son interprétation, ni ne peut nous imposer la sienne. En créant ainsi, se fait l'expérience directe, physique de l'unité du corps et de l'esprit, de leur continuelle interaction symbolique.

«C'est du fruit de sa bouche que l'homme rassasie son corps, c'est du produit de ses lèvres qu'il se rassasie»[2]

Nous verrions un autre monde si nous avions d'autres mots. Tout le visible se donne dans un renouvellement perpétuel de paroles.

---

[1] Jean Mourgues, *Lettres fraternelles du travail maçonnique en Loge de Perfection,* p.38 <glnc.org/document/mourgues 4_14.pdf>.
[2] Proverbes; 18,20.

Cette relation entre la parole et la création est justement la relation de maître à disciple, de l'oreille à la bouche car il semble que tout commence par l'enseignement et la transmission.

Les francs-maçons sont des bâtisseurs de sens.

À chaque instant d'une planche, la planche est toute entière contenue dans cet instant et la portée finale n'est pour ainsi dire que l'étalement, le repos ou l'extension d'une énergie qui ne fait que progresser à travers l'acte de dire jusqu'au moment où le «J'ai dit» l'apaise. En lisant les planches d'orateur, on a, parfois, une impression physique d'euphorie, de dilatation correspondante à la genèse, à la montée du sens que l'on essaye de vivre soi-même et de faire sentir à travers les mots. C'est vouloir tendre vers un accord, vers l'égrégore avec les récipiendaires, les FF\ et les SS\ présents; un accord difficile d'autant plus que les êtres se situent à plusieurs niveaux d'expérience. C'est déjà à plusieurs niveaux d'expérience que l'on recherche l'accord avec soi-même, et à ces niveaux s'en ajoutent d'autres, avec vous, avec le monde. Chacun de nous est un vivant dans sa durée propre, une forme en train de se développer, de s'accomplir; et c'est dans une métamorphose continuelle en nous, autour de nous, qui fait pression sur nous et nous oblige à rechercher sans cesse la proportion juste.

Les temps de parole qui sont accordés sont des participations à l'édification d'un corps de pensée comme une cathédrale d'esprit. «Nommer, c'est en un sens éterniser, c'est tirer la chose exprimée hors du chaos où tout se confond et du temps où tout se succède».

Luminescence des paroles et des silences

La parole, celle de l'orateur, a une force physique incontestable. Elle est essentiellement le physique de l'âme de la loge, indissociable de celle-ci. Ceux qui sont sensibles, et comment ne pas l'être dans cette caisse de résonance cosmique qu'est le temple à couvert, non pas seulement au verbe mais à son caractère incarné, reconnaissent cette incarnation dans le rythme énergétique des mots. Le vocable constitué par la voyelle et la consonne, par de la chair et de l'os, par de la dureté et de la tendresse, et par les subtiles proportions qu'elles produisent entre les sons, le vocable saisit le monde pour en prendre du sens et se prendre avec lui. Certaines formes du dire sont à la fois les plus objectives possibles et les plus profondément symboliques. L'orateur propose un système énergétique et progressif, le mouvement initiant en tant qu'ouverture d'acheminement. C'est vouloir au devant des autres francs-maçons amorcer une montée dans une spirale de plus en plus large, de plus en plus fraternelle, dans un élément de plus en plus transparent de vérité, pour viser le delta, là où toutes les espérances sont possibles, là où règne la conscience de la lumière. La parole fraternelle ne domine pas, ne manipule pas, ne méprise pas; l'autre n'est pas enfermé dans un concept déterminant a priori.

Un élément essentiel de la parole, en tant que matière, est le silence qui se fait en elle et autour d'elle. En la parole est aussi le silence, le rythme n'existerait pas sans le silence.

La triangulation de la parole en loge dépasse largement le cadre de la dramaturgie. Procédé de médiation, elle a pour objectif d'évacuer toute communication interpersonnelle, forme la plus usuelle dans nos sociétés, et de tisser un lien collectif en dépassant les échanges d'individu à individu. Ce que nous donnons en loge c'est de l'énergie spirituelle, ce qui est diffère de l'énergie intellectuelle.

Étymologiquement, le terme «communication» (de *communicare*) signifie, mettre en commun et implique les notions de partage que le rituel maçonnique met en œuvre dans toute communication en tenue. Dans un texte fondateur de 1735, faisant office de Constitution pour la maçonnerie française, il est stipulé, au 6ᵉ devoir, «qu'aucun frère n'aura des entretiens secrets et particuliers avec un autre sans une permission expresse du maître de la loge, ni rien dire d'indécent ou d'injurieux sous quelque prétexte que ce soit, ni interrompre les maîtres ou surveillants, ni aucun frère parlant au maître, ni se comporter avec immodestie ou risée».
Cette triangulation de la parole est aussi signifiante à un autre niveau, puisque tout échange doit passer par l'Orient, pour y être imprégné de la lumière qui en émane et pour y être dirigé vers l'égrégore de la loge. Le Vénérable, qui en a la charge, la renvoie à travers l'ouverture du compas toujours dirigée vers la loge.

Cette parole initiatique a un autre rôle. La parole qui circule transmet, doit transmettre, la tradition. C'est ce travail de transmission, ou plutôt de réception, d'élaboration intérieure puis de don au bon moment, qui fait que la tradition est vivante. «Le maître qui marche à l'ombre du temple, parmi ses disciples, ne donne pas de sa sagesse mais plutôt de sa foi et de son amour. S'il est vraiment sage, il ne vous invite pas à entrer dans la maison de sa sagesse, mais vous conduit plutôt au seuil de votre propre esprit… car aucun homme ne peut rien vous révéler, sinon ce qui repose déjà endormi dans l'aube de votre connaissance». (Khalil Gibran).

La parole met en mouvement des énergies cosmiques; elle est le canal par lequel la lumière agit dans les mondes, elle est portée par le souffle de l´homme et le souffle est esprit dans son corps. Que cesse le souffle et l´homme meurt. La génération du Deux par l'Un est identique à la parole qui crée simultanément le son et le souffle.

Le *Sefer Yetsirah*, le *Livre de la création*, ou de la formation postule le principe de la création de l'être par la combinaison des lettres du nom divin. En mêlant et transformant les vingt-deux lettres de l'alphabet hébraïque, de diverses manières, Dieu créa l'âme de tout ce qui est à créer ou le sera. Ce traité de cosmogonie aura une importance considérable sur la pensée des auteurs médiévaux et modernes de la kabbale intéressés par la question de la création du Golem. Leur démarche consiste à interpréter, en vue d'une action pratique, les modalités de la création de l'être figurées dans cette représentation de l'émergence du monde à partir de la combinaison des lettres du nom divin. Pour Papus ces vingt-deux lettres sont sculptées dans la voix, gravées dans l'air, placées dans la prononciation en cinq endroits dans le gosier, dans le palais, dans la langue, dans les dents et dans les lèvres.

Au cours du rituel, la parole des officiers est celle d'une fonction, ils n'ont donc pas besoin de se lever parce qu'ils ne sont pas les auteurs de ce qu'ils disent. La parole rituelle qu'ils proclament les oblige à un renoncement du moi, à plus d'humilité que les autres frères ou sœurs présents.

La parole du Vénérable, toute particulière, a une puissance créatrice, elle est édictive. C'est lui qui «crée, constitue et reçoit» l'impétrant, le faisant passé d'un état à un autre: de profane à apprenti, d'apprenti à compagnon, de compagnon à maître, d'un degré à un autre. Par la parole symbolique il y a transmission de l'initiation.

C'est le don du mot sacré, par le souffle du Très Respectable, qui fait revivre le maître dans le compagnon, qui le fonde maître à son tour par sa parole édictive. Ce n'est pas une parole qui explique, ni qui décrit. Cette parole touche le mystère de la vie et devient geste de l'esprit. Faire revivre la Parole, c'est reconstituer le corps d'un maître; c'est ouvrir le sens d'une quête sans fin. Dans le processus de résurrection, le «nourrissement» de l'être de lumière est assuré par le verbe qui donne puissance et réalité aux formes qu'il prononce.

Dans le controversé *Manuscrit de Leland*[3] il est dit que les francs-maçons «cachent la faculté d'Abrac», c'est-à-dire qu'ils cachent le pouvoir de devenir bon et parfait sans l'aide de la peur et de l'espoir, et **sans l'aide du langage universel**.

Le don du vocabulaire et le pouvoir de nos mots sont singulièrement la force la plus puissante donnée et disponible pour nous. Nous pouvons choisir d'utiliser cette force puissante de manière constructive avec des mots d'encouragement, ou de manière destructrice, en

---

[3] Commenté par Mackey: <tinyurl.com/la-faculte-d-abrac>.

utilisant des mots de douleur, de haine et de désespoir. Nous savons tous que nous avons la capacité de faire toutes ces choses, d'enseigner, d'aider, ou de guérir, d'entraver, de blesser, de faire du mal, d'humilier. Nos paroles se manifestent dans la matière. Comme nous savons que chaque mot a des conséquences, et chaque silence aussi, nous savons que les mots peuvent nous affecter et d'autres autour de nous, ils détiennent un pouvoir profond avec la force et l'énergie.

«Pensez à ce que vous dites, essayez de ne dire que des choses que vous pensez et qui ont du sens. Défiez-vous farouchement de toutes les mécaniques de langage dans lesquelles c'est la langue qui pense à votre place, donc d'autres que vous qui pensent à votre place. Si vous faites ce travail sur vous-même, ça ne changera pas la société du jour au lendemain mais c'est une condition pour la démocratie et pour une société humaine[4]»

La parole nous a été donnée non pour parler mais pour entendre. La parole ne nous a été donnée que pour entendre ce qui est l'autre.

---

[4] Podcast, Jean-Jacques Rosat, à partir de 3'52, *La novlangue de George Orwell, un instrument de domination*: <tinyurl.com/la-novlangue>.

Luminescence des paroles et des silences

2 LE SILENCE INITIATIQUE

Qui dit secret dit silence et interdiction d'une révélation à ceux à qui il n'a pas été donné de le partager.

Les choses saintes des anciens mystères qui n'étaient connues que par les initiés et qui n'avaient pas été révélées aux profanes, s'appelaient *aporrheta*.

Du temps d'Abraham, vivait en Égypte Hermès ou Idris II; il fut surnommé trimégiste, parce qu'il était prophète, roi et philosophe. Il enseigna l'art des métaux, l'alchymie, l'astrologie, la magie, la science des esprits... Pythagore, Bentecle (Empédocle), Archélaüs le Prêtre, Socrate, Platon et Aristote puisèrent leur science dans les écrits d'Hermès. Eusèbe déclare expressément qu'Hermès fut l'instituteur des Hiéroglyphes; qu'il les dévoila aux prêtres et que Manéthon, Grand Prêtre des idoles, les expliqua en langue grecque à Ptolomée Philadelphe. Ces hiéroglyphes étaient regardés comme sacrés et souvent appelés «Les mots de Dieu». On les tenait cachés dans les lieux les plus secrets des temples. Le grand secret qu'observèrent les prêtres sur leurs savoirs opératifs, les hautes sciences qu'ils professaient, les firent considérer et respecter de toute l'Égypte. La destruction de plusieurs villes, la ruine de presque toute l'Égypte par Cambyse, Roi de Perse, les dispersa dans les pays voisins et dans la Grèce. Ils y portèrent leurs sciences, mais ils continuèrent sans doute à les enseigner à la manière usitée par eux, c'est-à-dire, mystérieusement. Ne voulant pas les prodiguer à tout le monde, ils les enveloppèrent encore dans les ténèbres des fables et des hiéroglyphes, afin que le commun en voyant, ne vît rien, en entendant, ne comprît rien. L'expansion du christianisme fait disparaître les derniers prêtres maîtrisant le secret des hiéroglyphes à la fin du IVe siècle.

Les grecs avaient un dieu du silence, Harpocrate. Ovide dit de lui: «*Quique premit vocem digitoque silentia suadet*; celui qui contrôle la voix et persuade le silence avec son doigt». «Il est vrai que dans tous les monuments où il est représenté, son attitude est de porter le doigt sur la bouche, pour marquer, dit Plutarque, que les hommes qui connaissaient les Dieux, dans les temples desquels Harpocrate était placé, ne devaient pas en parler témérairement…» «La statue d'Harpocrate était chez les anciens sages l'emblème du secret, qui se fortifie par le silence, s'affaiblit & s'évanouit par paraboles».[5]

Il était cependant une divinité de la mythologie égyptienne. Son vrai nom étant, selon Bunsen et Lepsius, Har-pi-krati, c'est-à-dire Horus l'enfant; il est censé avoir été le fils d'Osiris et d'Isis. Il est représenté par une figure

---

[5] Don Pernety, *Les fables égyptiennes et grecques* T. 1, 1786, p. 324 et 129: <tinyurl.com/statue-d-Harpocrate> et <tinyurl.com/Statue-d-Harpocrate2>.

nue, assis parfois sur une fleur de lotus, soit tête nue avec la natte de l'enfance sur le côté, ou couvert par une couronne Hemhem, mais toujours avec son doigt pressé sur ses lèvres. «Harpocrate n'est point un dieu imparfait dans un état d'enfance, ni aucun des légumes qui commencent à fleurir. Il faut plutôt le regarder comme celui qui dirige et rectifie les opinions faibles, imparfaites et inexactes que les hommes ont des dieux. Aussi tient-il le doigt posé sur sa bouche: attitude qui est le symbole du silence et de la discrétion. Dans le dernier mois de l'année égyptienne, en juillet, on offrait à ce dieu des légumes, en disant: «langue, fortune; langue, génie». De toutes les plantes qui croissent en Égypte, le perséa est celle qu'on offre de préférence à ce dieu, parce que son fruit à la forme d'un cœur, et sa feuille celle d'une langue»[6].

Les Romains avaient une déesse du silence nommée Angerona, représentée comme Harpocrate, un doigt sur la bouche en signe de secret.

Il est une légende talmudique du doigt de l'ange: lorsque l'Ange de la Nuit se penche sur le bébé en train de naître qui reçoit en lui la Neshama, il pose son doigt sur les lèvres du tout-petit pour imposer à la Neshama[7] le secret sur toute sa connaissance des liens entre l'en-haut et l'en-bas, et le sillon que nous avons tous au milieu de notre lèvre supérieure n'est que la trace de ce doigt de l'ange, le sceau du secret:

---

[6] Plutarque, Isis et Osiris, § 68: <tinyurl.com/Isis-et-Osiris>.

[7] La théorie ésotérique juive du Gilgul, le cycle, imagine qu'après la mort la Neshama, un des trois aspects de l'âme, remonte dans la demeure du paradis d'en-haut, et retrouve sa radiance, c'est-à-dire l'unité du haut et du bas, pour un jour revenir dans un autre corps.

Le roi Salomon, dans Proverbes;1,6 reconnaît comme objet digne de l'étude d'un homme sage ces secrets: «On saisira mieux paraboles et sentences, les paroles des sages et leurs piquants aphorismes».

«C'est au moyen d'une méthode herméneutique d'inspiration endogène, c'est-à-dire en s'inspirant du contexte de narration et de représentation du monde des concepteurs de ces récits, qu'il devient possible d'accéder au sens profond et caché de ces textes. Le code serait en effet intégré dans le texte et dans le contexte de narration, et il s'agit, malgré les difficultés évidentes que cela représente, de le discerner».

La notion de secret, dès les premiers Anciens Devoirs (*le Régius, le Cooke*) apparaît comme une injonction pour protéger l'*artifex*, les savoirs faire des corps de métiers transmis sur les chantiers.

Pour Laurence Dermott, l'une des principales qualités qui fait la sagesse d'un homme est sa force ou sa capacité à conserver et cacher intelligemment les secrets honnêtes qu'on lui confie, de même que ses propres affaires[8].

Ainsi, sur le plan de la loge de l'apprenti-compagnon du *Nouveau Catéchisme des Francs-maçons* de Louis Travenol on voit une des portes du Temple de Salomon sur le sommet de laquelle d'un côté il y a Harpocrate, et de l'autre la Vérité, ayant un Miroir à la main[9].

---

[8] Ahiram Rezon, 1756, à partir de la p. 16: <tinyurl.com/Manuscrit-Ahiman-rezon>.
[9] Louis Travenol , *Nouveau Catéchisme des francs-maçons contenant tous les Mystères de la Maçonnerie, ...* p.40,41: <tinyurl.com/Harpocrate-et-tableau-de-Loge>.

Le secret, qui se justifiait pour la Franc-Maçonnerie opérative par la nécessité de protéger l'art ou les secrets de fabrication propres à chaque corporation de métier, semble perdre toute légitimité dans le cas de la Franc-Maçonnerie spéculative qui ne travaille plus sur des matériaux mais sur des idées. En 1723, à Londres, est publié dans un Journal *The Flying Post* un texte dénommé depuis *Examen d'un maçon* qui nous renseigne sur les mots, signes, attouchements des francs-maçons et la cérémonie de réception d'un profane. Puis en 1730, Samuel Prichard, un franc-maçon, membre en exercice ou démissionnaire de la loge La Tête d'Henry VIII à Londres, publie, sous le titre *La maçonnerie disséquée* un rituel pratiqué au sein de la Grande Loge de Londres qui comporte pour chacun des grades la description de la cérémonie d'initiation. De toute façon, ce qui y est présenté et exposé ne pourra être compris que par l'expérience d'un vécu dans les conditions des rites initiatiques, non pas pour faire ou acquérir, mais pour devenir.

Le voyage initiatique ne vise pas à vérifier le déjà révélé, mais à exercer l'intelligence du caché. Ce passage se déclinera en de multiples secrets dits conventionnels qui vont naturellement du mot de passe, au geste signifiant l'état intérieur de progression, aux signes de reconnaissance, etc. Tous ces dérivatifs du secret initiatique sont hautement symboliques, mais ne sont pas le secret lui-même, ils n'en sont qu'un reflet.

Poursuivre avec Léopold Vanderhaegen: *Les secrets d'Hiram. Les sources bibliques de la franc-maçonnerie*:[10]

Qui dit silence dit espace d'écoute
«Le silence du zen n'est évidemment pas pour apprendre à se taire, se murer sur soi-même dans un mutisme, mais au contraire pour apprendre à écouter et à voir. On recherche le silence pour entendre les autres et cesser de s'écouter soi-même»[11].

Le silence de l'Apprenti dans les rites continentaux est son cinquième voyage initiatique (après le cabinet de réflexion + les trois voyages de la cérémonie d'initiation); il s'accomplit dans l'écoute, mais consiste, aussi, en ce qui ne lui est pas encore accordé et qui lui sera donné, progressivement, pour avoir la plénitude des droits du Maître (droit de parole, de vote, d'occuper un office…). Se taire, faire silence, écouter est indispensable pour entendre le monde subtil, et, par ces espaces que libère le silence fait irruption en nous tout un univers de forces insoupçonnées. Le chemin de l'apprentissage mène de la pensée silencieuse vers la parole retrouvée pour donner du sens au silence; le substantif «mot», lui-même, sous sa forme latinisée *motus*, signifiant le silence, comme le fait remarquer Lacan[12]. Le silence joue le même rôle que

---

[10] Vidéo, Léopold Vanderhaegen: *Les secrets d'Hiram. Les sources bibliques de la franc-maçonnerie* : <tinyurl.com/les-secrets-d-Hiram>.

[11] M. Bazy, conférence du 28 septembre 2013 sur le zen pratique de silence: <tinyurl.com/zen-pratique-de-silence>.

[12] «*Effet motus* qui ouvre comme un temps logique de lecture, définissant un entour de la lettre en termes de silence», J. Lacan, Le Séminaire, livre VII: *L'Éthique de la psychanalyse*.

l'obscurité d'où naît la Lumière. Le silence, par le recueillement et la concentration qu'il procure, permet l'écoute de l'autre et de l'invisible.

Qui dit silence dit secret, parce qu'il y a impossibilité de dire

La connaissance que le franc-maçon vient quérir dans la loge, ne peut être placée sur le même niveau que l'ensemble du savoir auquel il peut accéder dans les institutions du monde profane. Dans ses *Mémoires*, Casanova écrit: «Le secret de la maçonnerie est inviolable par sa propre nature puisque le maçon, qui le sait, ne l'a appris de personne; il l'a découvert à force d'aller en loge, d'observer, de raisonner et de déduire». **Il y a un silence du maître.**

Les mystères, que les francs-maçons nomment aussi les secrets de la Franc-Maçonnerie, ne se manifestent qu'à l'intérieur de chacun; ils sont constitutifs de l'invitation permanente faite au maçon de se connaître soi-même. Il s'agit d'un secret dont la nature profonde prend ses racines dans l'expérience individuelle qui souligne le passage du moi au soi, de surcroît dans le cadre collectif d'une loge maçonnique qui minore le «je» au profit d'une altérité charitable et dans l'exercice d'un rituel ancestral resituant l'homme dans l'archétype du mouvement cosmogonique. Selon, Mircea Eliade, le secret n'est pas seulement un stade de l'histoire de la conscience humaine, mais est un élément constitutif de la structure de cette conscience.

Le secret est notre rapport personnel, au plus intime de nous, avec le Tout qui nous entoure.

Si le secret est ce que l'autre connaît et que l'on ne connaît pas, le mystère est ce que tout le monde ne connaît pas, il est dans le silence, et nous sommes des porteurs de la sagesse immémoriale de ce silence.

À consulter avec intérêt, sur le site *Écossais de saint Jean*, le texte *Le secret initiatique de la divulgation à la révélation, notion de reliance*[13].

---

[13] *Écossais de saint Jean,* le texte: *Le secret initiatique de la divulgation à la revelation, notion de reliance* : <tinyurl.com/le-secret-initiatique>.

3 LE SECRET DES SECRETS

La bulle d'excommunication contre les francs-maçons émise le 28 avril 1738 par Clément XII, *In eminenti apostolatus specula,* intervient quelques années après la création de la Grande Loge de Londres, en 1717, par Jean Théophile Désaguliers et James Anderson. Le réquisitoire relève alors deux traits principaux de la Franc-maçonnerie: le multi confessionnalisme des loges et le fait que ses adeptes y prononcent un **serment d'allégeance au secret** et d'entraide qui, selon le texte, ne peut être que suspect.

Les francs-maçons prêtent de nombreux serments et des promesses qui les engagent moralement

1. Il y a serment.
2. Il est fait avant que les secrets ne soient communiqués.
3. Il est accompagné d'une pénalité.

Le serment est un rite oral, souvent complété par un rite manuel. Sa fonction consiste, non dans l'affirmation qu'il produit, mais dans la relation entre la parole prononcée et la puissance invoquée, entre la personne du jurant et le domaine du sacré[14].

Parmi tous les serments prêtés au cours d'une vie maçonnique, toujours consentis, il y a ceux consistant en promesses solennelles faites par le récipiendaire, puis néophyte, de s'engager à garder les secrets de la Maçonnerie, d'aider ses frères et sœurs, et d'être intégré à l'Ordre. **Je m'engage à, je promets…, je jure…,** sont les verbes par lesquels les francs-maçons se lient en paroles. C'est l'acceptation d'une règle qui lui ouvre paradoxalement une voie de libération.

The Old Constitutions Belonging to the Ancient and Honourable society of Free and Accepted Masons de 1722 dites de Roberts[15] sont très explicites: sans serment préalable aux divulgations point d'admission (Qu'aucune personne ci-après ne soit acceptée franc-maçon, ou ne connaisse les secrets de ladite Société, jusqu'à ce qu'il ait d'abord prêté le serment du secret ci-après…). Ce qu'il faut comprendre c'est que **ces secrets** (au pluriel) **sont ceux du métier** «Vous tiendrez secrètes les parties obscures et compliquées de la Science, ne les révélant à qui que ce soit, sauf à ceux qui l'étudient et la pratiquent».

---

[14] E. Benvéniste, *L'expression du serment dans la Grèce ancienne, Revue de l'histoire des religions*, 1947, pp. 81-94: <tinyurl.com/le-secret-dans-la-Grece>.
[15] *The Old Constitution of the Masons*, 1722, p. 14: <tinyurl.com/constitutions-de-Robert>.

Les menaces faites en cas de parjure.

Lors des cérémonies initiatiques, ces menaces permettent au récipiendaire d'appréhender le risque encouru en cas de non-respect de ses engagements. En faisant ce que l'on appelle les signes pénaux, le franc-maçon se rappelle ses serments en mettant en scène les parties du corps qui feraient l'objet de tortures promises au parjure (gorge tranchée, cœur arraché, corps coupé en deux).

Dans les Instructions des Fendeurs à l'usage du Grand Chantier de France séant à Paris de 1786 du Rite Forestier on trouve curieusement deux types d'obligations très connotées, une pour les hommes (si je manque à mon obligation, je consens d'avoir la tête séparée du tronc, par toutes les haches du Chantier, & d'être exposé dans le fond d'une forêt, pour y être dévoré par les bêtes féroces) et une pour les femmes (si je manque à ma promesse, je consens d'être trempée, battue, tordue comme un paquet de linge sale; ensuite précipitée au fond du baquet de la bonne & bienveillante cousine Cateau; ensuite d'être exposée, pendant quarante jours, dans les forêts les plus profondes, pour ne vivre que de glands, comme une truie, & d'être dévorée par les bêtes féroces).

Prendre tout cela à la lettre, c'est entretenir et justifier l'anti-maçonnisme le plus primaire.

Alors, toute la littérature maçonnique, ou les publications sur le net, sont-elles des parjures?

Que dire lorsque ce ne sont pas des francs-maçons qui divulguent les rituels comme le fit le lieutenant de police de Paris René Hérault, dans *Le Secret d'un frey-maçon en 1738.* Avant-guerre, nombre de journaux de province publiaient même le programme d'activité des loges dans leurs colonnes.

Les Constitutions dites d'Anderson de 1723 n'utilisent jamais le terme de parjure. Elles **recommandent** seulement **la prudence**.

Écoutons aussi **Casanova** qui répond:[16]

«Ceux qui s'arrêtent à la superficie des choses pensent que le secret consiste en mots, signes et attouchements, ou qu'en fin le grand mot est au dernier degré. Erreur. Celui qui devine le secret de la Franc-maçonnerie, car on ne le sait jamais qu'en le devinant, ne parvient à cette connaissance qu'à force de fréquenter les loges, qu'à force de réfléchir, de raisonner, de comparer et de déduire. Il ne le confie pas à son meilleur ami en maçonnerie, car il sait que s'il ne l'a pas deviné comme lui, il n'aura pas le talent d'en tirer parti dès qu'il le lui aura dit à l'oreille. Il se tait, et ce secret est toujours secret».

Les mots et les signes si pieusement conservés et si solennellement transmis ne sont, en dernier examen, que les manifestations externes et pédagogiques du secret incommunicable et qu'il est toujours dommageable pour l'évolution spirituelle du cherchant de croire qu'il suffit de stocker au fil du temps les nombreux mots et signes qui ponctuent l'avancement hiérarchique au sein des sociétés initiatiques pour atteindre le but de l'initiation véritable[17].

---

[16] *Giacomo Casanova: « Histoire de ma vie » – 1789-1798 – Bibliothèque Nationale, NAF 28604.*

[17] Jean-Elias Benahor, *À propos du secret et de son bon usage,* dans la Revue Initiation, p. 18: <tinyurl.com/bon-usage-du-secret>.

On ne dévoile pas des processus de transformation intérieure, des moments inoubliables de communion, des sentiments furtifs d'élévation, des amitiés salvatrices… toutes choses qui font qu'une vie de société peut être dite initiatique. Quand j'ai promis de me taire sur le sujet, je n'aliénais pas fondamentalement ma liberté, je reconnaissais simplement que ce sujet est incommunicable.

Le secret n'a pas pour but d'exclure le profane, mais pour le bénéfice des initiés. Le secret est précieux, non pas parce qu'il empêche ceux qui sont à l'extérieur du temple de découvrir ce qui se passe à l'intérieur, mais parce qu'il rend les leçons à l'intérieur plus efficaces pour ceux qui sont enseignés. Le secret est utilisé pour empêcher les candidats d'apprendre les leçons autrement que de la manière la plus efficace: par l'expérience active profonde qui place les idées dans les parties les plus intimes de notre esprit et de notre corps, où elles deviennent des forces actives et puissantes contrôlant notre comportement et façonnant nos vies en accord avec les principes les plus élevés du caractère moral et du développement personnel.

Nous reconnaissons que **le seul secret maçonnique** qui ne devrait pas être trahi est celui qui relève de **l'appartenance à la Franc-maçonnerie des autres frères et sœurs** pour les protéger des conséquences qu'un tel dévoilement pourrait avoir pour eux dans un environnement hostile à la Franc-maçonnerie[18].

---

[18] À titre indicatif, consulter l'article *La condamnation du secret maçonnique à l'époque contemporaine, le cas italien*: <tinyurl.com/condamnation-du-secret>.

Éclairer les autres est un acte d'amour, parce que c'est un partage. C'est pourquoi, nous nous donnons le droit de transmettre ce que nous avons reçu, car nous savons ce que nous devons aux dépôts des trésors culturels et spirituels auxquels nous avons eu accès – auxquels tout le monde, par ailleurs, a accès – et sans lesquels nous ne serions pas ce que nous sommes.

Qui nous reprocherait de les rapporter, «comme des fenêtres qui ouvrent le monde à d'autres mondes, à d'autres éclats, à d'autres lumières»?

4 PARLONS ENCORE UN PEU DU SILENCE

Taciturnitas virtutes plurimas nutrit
Le silence nourrit un très grand nombre de vertus.

«Toute ma vie, j'ai grandi parmi les Sages et n'ai rien trouvé de meilleur (baume) pour le corps que le silence. Ce n'est pas le commentaire qui est l'essentiel mais les actes»[19].

Seul le silence est propre à exalter la joie du cœur et de l'esprit. **Le silence est amour** (aleph est la première lettre du mot אוהב (ohev), amour, lettre qui a laissé place au beth du commencement), retrait volontaire de soi pour laisser place à l'altérité des voyelles et des autres lettres qui viennent lui donner corps. L'hébreu est une langue qui commence par le silence, sa première lettre alphabétique, l'aleph א, est une lettre intentionnellement muette. La spiritualité non visible et non prononçable des vérités cachées mais bien présentes dans ce monde s'expriment subtilement à travers cet aleph, qui semble pouvoir rehausser la qualité de tous nos actes les plus

---

[19] *Pirké Avot, Maximes des Pères* 1,17.

matériels. «Devant lui un vent intense et violent, entr'ouvrant les monts et brisant les rochers, mais dans ce vent n'était point le Seigneur. Après le vent, une forte secousse; le Seigneur n'y était pas encore. Après la secousse, un feu; le Seigneur n'était point dans le feu. Puis, après le feu, une voix mince de silence» (IRois, 19, 11 et 12).La particularité essentielle de la lettre Alef (א) est qu'elle est la seule des 22 Lettres de l'Alphabet sacré hébreu qui s'écrit mais ne se prononce pas, un silence autour duquel s'organise le Verbe créateur. Voilà pourquoi, le silence est la Parole des sages, c'est en lui que tout s'élabore et que l'homme y redécouvre l'essentiel; la Sagesse intérieure.

Le silence est la voie qui mène à la révélation de soi-même et de l'autre, il est écoute; le mutisme est le gouffre qui nous en sépare: «c'étaient des gens silencieux et toujours prêts à écouter les autres, au point que savoir écouter était pour eux un motif d'éloge» rapporte Jamblique à propos des initiés de l'école de Pythagore. Le silence, s'il est vide, c'est du mutisme. Le mutisme, c'est le contraire de l'amour, c'est l'indifférence[20]. Comme l'écrit Jean-Marc Bazy à propos du Zen pratique du silence[21]: «Le silence du zen n'est évidemment pas pour apprendre à se taire, se murer sur soi-même dans un mutisme, mais au contraire pour apprendre à écouter et à voir. On recherche le silence pour entendre les autres et cesser de s'écouter soi-même».

---

[20] F. Dostoïevski: «Le contraire de l'amour n'est pas la haine, mais l'indifférence.»

[21] *Pratique du Zen, Zen Pratique du silence:* <tinyurl.com/zen-pratique-de-silence>.

Luminescence des paroles et des silences

Alors que les vérités scientifiques sont communicables parce que ce sont des hypothèses démontrables fondées rationnellement sur des faits observables, le rituel, la mythologie et la métaphysique ne sont que des guides qui conduisent au bord de «l'illumination», à ce pas final que chacun doit accomplir dans sa propre expérience silencieuse. De là vient l'un des termes sanscrits pour désigner le sage: *muni, «le silencieux». Sakyamuni,* l'un des titres de Bouddha Gautama, signifie «le silencieux ou sage *(muni)* du clan Sakya». Bien qu'il soit le fondateur d'un enseignement religieux largement répandu de par le monde, l'essence ultime de sa doctrine demeure cachée, par nécessité, au plus profond du silence.

Les Égyptiens adoraient Harpocrate, dieu du silence; pour ce motif il est toujours représenté un doigt sur la bouche.

On trouve de nombreux exemples de silence sur un secret à travers les diverses traditions et civilisations, en particulier ceux rapportés dans la partie historique des Constitutions **Ahiman Rezon** de Laurence Dermott (à partir de la page 18: «le fidèle Anaxarque (tel que Pline le rapporte au livre VII, chapitre 23) qu'on enleva pour lui arracher ses secrets, qui se coupa la langue avec ses dents et la cracha ensuite à la figure du tyran. Les Athéniens avaient une statue de bronze, devant laquelle ils s'inclinaient; le personnage n'avait pas de langue, pour signifier l'importance du secret». Le serviteur de Caton fut cruellement torturé, mais rien ne put lui faire révéler les secrets de son maître. Quinte Curse nous enseigne que chez les Perses on punissait très sévèrement selon une loi inviolable celui qui révélait un secret; comme confirmation il dit que le roi Darius, vaincu par

Alexandre, s'était échappé pour se cacher là où il se croyait à l'abri; aucun torture, ni promesse de riche récompense, ne purent fléchir les frères fidèles qui savaient sa cachette, ou les amener à la révéler à qui que ce fût. Il ajoute en outre que nul ne devrait confier quelque affaire d'importance à qui ne sait pas vraiment garder un secret. Au nombre de toutes ses lois, Horace aurait voulu que chacun garde secret tout ce qui se faisait ou se disait: pour ce motif l'habitude des Athéniens (quand ils se réunissaient pour une fête) était que les plus anciens parmi eux montraient à chaque frère la porte par laquelle il entrait, disant: prends garde que pas un seul mot ne passe ce seuil, de ce qui sera dit ou fait. La première chose enseignée par Pythagore à ses disciples était le silence, en conséquence il les maintenait sans parole pendant un certain temps, afin qu'ils apprennent mieux à conserver les précieux secrets qu'il leur communiquait; il leur enseignait encore à ne parler que si nécessaire, exprimant par-là que le secret était la qualité la plus rare. Plût à Dieu que les Maîtres de nos loges actuelles en fissent autant! On demanda à Aristote ce qui lui paraissait le plus difficile; il répondit: le secret et le silence. À cette fin, St. Ambroise place parmi les principes premiers de la vertu le don de la patience silencieuse. Le sage roi Salomon dit au livre des Proverbes qu'un roi ne devrait pas boire de vin, car l'ivresse est ennemie du secret; et à son avis, n'est pas digne de régner qui ne sait garder ses propres secrets».

Le silence est la voie d'accès à un degré de conscience élevé. Il prend son ampleur au sein de la loge pour relier le franc-maçon à la partie la plus sacrée de son être.

Le silence de l'apprenti dans les rites continentaux est son 5ᵉ voyage initiatique (après le cabinet de réflexion + les 3 voyages de la cérémonie d'initiation); il s'accomplit dans l'écoute mais consiste, aussi, en ce qui ne lui est pas encore accordé et qui lui sera donné, progressivement, pour avoir la plénitude des droits du maître (droit de parole, de vote, d'occuper un office…).

Le silence est d'essence métaphysique et dépasse, même s'il l'embrasse, le seul silence imposé à celui qui ne sait pas. Bien plus qu'un silence pédagogique, le silence maçonnique est une véritable disposition de l'être qui, seule, permet l'émergence et la prééminence du Soi sur le Moi.

Le silence joue le même rôle que l'obscurité d'où née la Lumière. Le silence, par le recueillement et la concentration qu'il procure, permet l'écoute de l'invisible. Nous sommes ici aux limites de l'intelligible, dans une recherche de l'ultime[22].

«La condition souveraine du savoir est le silence car seul le silence est grand, tout le reste est faiblesse». Alfred de Vigny.

Le chemin de l'apprentissage vers le compagnonnage mène de la pensée silencieuse vers la parole retrouvée pour donner du sens au silence; le substantif «mot» lui-même, sous sa forme latinisée *motus*, signifie le silence, comme le fait remarquer Lacan.

---

[22] *Le secret initiatique: de la divulgation à la révélation, notion de reliance*: <tinyurl.com/le-secret-initiatique>.

Comme le décline Cynthia Fleury, les 4 fonctions du silence sont spirituelles, cognitives, curatives et citoyennes.[23]

L'ultracrépidarianisme (*sutor, ne supra crepidam, le cordonnier ne doit pas parler au-delà de la chaussure*) est le comportement qui consiste à donner son avis sur des sujets sur lesquels on n'a pas de compétence et pour lequel le silence eût été meilleur.

Le silence absolu, atteint à ce jour, est environ de - 10 décibels, insupportable au-delà de 45 mn!

---

[23] Vidéo, Cynthia Fleury: <tinyurl.com/fonction-du-silence>.

5 LE DÉSERT, QUÊTE D'UN AILLEURS

L'invitation à se connaître de toutes les initiations n'est rien d'autre qu'un appel à prendre conscience de son propre désert. C'est une vision à la fois de sa misère et de sa grandeur.

L'intérieur de l'homme est un désert, un vide pour Cioran, un abîme pour Victor Hugo, Hermann Hesse, Gérard de Nerval, Blaise Pascal, Paul Valéry et tant d'autres.L'homme de l'initiation doit s'arracher du monde, obstacle à la réflexion qui empêche la spéculation de l'absolu en lui. «Seuls les solitaires ont accès au Royaume», disait Guillaume de St Thierry au XIIe siècle. Cet enseignement peut être retrouvé dans les textes et catégories de pensée qui évoquent le thème du désert et de la quête, thème qui apparaît dans la plupart des religions et traditions initiantes.

Ce que l'on peut retenir dans ces hiéro-histoires, c'est que le désert permet un temps sacro-saint, où s'accomplit l'expérience religieuse ou mystique, où s'abolit la différence du saint et du sacré. C'est un mouvement par lequel l'homme en se recueillant au désert, s'élève à la transcendance (souvent appelée Dieu ou le divin). Dans sa quête, le désert est l'épreuve et le lieu du combat contre le principe du Mal. En ce sens c'est un lieu de passage: se quitter soi-même, abandonner son moi superficiel pour trouver son Soi. Il est comme un centre de labyrinthe où se vivra aussi l'expérience fécondante de la solitude et des combats.

Toute retraite dans la solitude du désert commence comme un renoncement au monde, comme une solitude nécessaire au dépouillement de l'homme ancien. La marche au désert ne se laisse plus appréhender selon des coordonnées horizontales de distance parcourue, mais selon celles de la profondeur Le passage par le désert consiste d'abord en une désertification intérieure, au sens où la mort minérale des paysages géologiques devient l'image de la mort que l'on désire pour renaître à l'initiation. À travers ces figures de la mort, la retraite au désert de sable ou d'immensité marine correspond, dans la démarche initiatique, d'abord à une descente régressive vers les premiers moments du monde, vers l'originaire et les profondeurs spirituelles, puis en s'inversant, elle correspond à la progression ascendante, en authentique pèlerinage, en quête. L'aurore de la vie et de la lumière sera transfigurée par la source d'eau ou le buisson ardent. Ainsi, du néant absolu, «la grâce flue de la fontaine divine, elle est une ressemblance divine, elle a la saveur de Dieu et rend l'âme semblable à Dieu» écrit Maître Eckhart.

Mais cette solitude, cet esseulement n'est jamais le lieu où doit se fixer définitivement l'initié.

Le désert, lieu où la quête ne s'y achève pas, conduit à une deuxième naissance, celle de toutes les terres promises. **En initiation, le désert n'est qu'un passage.**

Dans le désert, le pèlerin des sables se meut au contact de l'infini. Il s'immerge dans l'alliance de la terre et du ciel, dont le cœur en est le foyer de convergence. La contemplation, la *theôria*, ne peut qu'être expérience, un moyen de connaître des faits que l'on ne voit pas, de trouver une condition humaine autre.

Dans Terre des hommes, Saint-Exupéry écrit: «En arpentant un sable infiniment vierge, j'étais le premier à faire ruisseler d'une main dans l'autre, comme un or précieux, cette poussière de coquillages. Sur cette sorte de banquise polaire, qui de toute éternité n'avait pas formé un seul brin d'herbe, j'étais comme une semence apportée par le vent, le premier témoignage de la vie». Puis sur cette surface où s'allient la vie et la mort, ramassant un caillou noir, pluie noire des étoiles dans le désert, en un saisissant raccourci de sa méditation, Saint-Exupéry assiste à cette lente averse de feu. Il abandonne ici ses yeux de chair et rehausse son expérience sensorielle au rang d'une expérience initiatique. Le passage minéral, le règne de la pierre brute et du sable d'or deviennent présentation hiératique de l'absolu où se retrouvent les mots de la métamorphose alchimique. La minéralogie mystique est un espace figuratif dans lequel se retrouve ce que Gaston Bachelard appelle à juste titre un psychisme lithognomique sur la voie d'une renaissance spirituelle. Cette relation alchimique au minéral, féconde toute la métamorphose de l'ermite en pèlerin.

Descente et remontée, dans l'alliance de la terre et du ciel, et dans le silence de l'apprenti, n'est-ce pas là aussi le chemin que nous propose la Colonne B\, dont la matière d'airain atteste aussi l'alliance du ciel et de terre? Dans l'isolement du mutisme imposé, la colonne B\(au Rite écossais Ancien et rectifié) et la colonne du nord sont comme un désert pour le myste.

La méditation est un désert. Là s'éveille le désir d'un lieu dont on pressent l'existence, mais dont on ne connaît encore ni l'éloignement, ni la configuration. Le voyageur ne s'identifie plus au conquérant assuré de ses trajets, ni à l'errant désorienté qui fuit, mais au pèlerin, à la quête de cet ailleurs dont on lui a parlé.
Quelques citations sur ce sujet:
Cioran: «Durant toute la matinée, je n'ai fait que me répéter «l'homme est un abîme, l'homme est un abîme» – il m'est hélas impossible de trouver mieux».
Valéry: «Nous vivons visiblement, mais l'intérieur est un abîme, note-t-il en apprenant la mort de Mallarmé».
Victor Hugo: «Tout homme a son pathos…Il s'obstine à cet abîme attirant, à ce sondage de l'inexploré, à ce désintéressement de la terre et de la vie, à ce regard sur l'invisible; il y vient, il y retourne, il s'y accoude, il s'y penche, il y fait un pas puis deux, et c'est ainsi qu'on pénètre dans l'impénétrable, et c'est ainsi qu'on s'en va dans les élargissements sans bords de la méditation infinie».
Charles Baudelaire: «Je sens s'élargir dans mon être / Un abîme béant; cet abîme est mon cœur / Brûlant comme un volcan, profond comme le vide!»

6 MIROIRS, DITES-MOI QUI JE SUIS!

Le mot «**miroir**» fut utilisé pour un genre littéraire né au Moyen Âge, **il désignait des ouvrages destinés à conseiller le lecteur sur des questions morales**. Les premiers exemples du genre remontent au IXe siècle et dans la tradition chrétienne, le Miroir sans tache (speculum sine macula) est le symbole de Marie, mère de Jésus où l'Éternel se reflète.

Le langage des oiseaux (*Mantiq al-Tayr*) de Farid ûd-Dîn Attâr est une épopée mystique qui retrace la quête d'oiseaux partant à la recherche de leur roi, le Sîmorgh. Partis par milliers, à la fin de l'épopée, seuls trente oiseaux parviennent au terme de leur quête et peuvent contempler l'oiseau sublime. À ce moment précis et par un subtil jeu de mots, le Sîmorgh devient le miroir de ces *sî-morgh* (trente oiseaux en persan) qui découvrent en l'oiseau qu'ils cherchaient le secret profond de leur être. Comme l'a analysé Henry Corbin, «Lorsqu'ils tournent le regard vers Sîmorgh, c'est bien Sîmorgh qu'ils voient. Lorsqu'ils se contemplent eux-mêmes, c'est encore Sî-morgh, trente oiseaux, qu'ils contemplent. Et lorsqu'ils regardent simultanément des deux côtés, Sîmorgh et Sî-morgh sont une seule et même réalité. Il y a bien là deux fois Sîmorgh, et pourtant Sîmorgh est unique, identité dans la différence, différence dans l'identité». On retrouve ici le concept d'âme du monde identique à tous les êtres, tout en se manifestant à chacun d'eux de façon différente. On y voit autrui plutôt que soi-même.

Les séphiroth se présentent comme des miroirs qui réfléchissent la lumière divine et la projettent vers les hommes, hormis la dernière, la *Malkhut* qui, entre autres, représente la Lune, une sorte de miroir non réfléchissant. Maître Eckhart, dans le même sens, affirmait que «le regard par lequel je Le connais, est le regard par lequel Il me connaît». Le motif central du miroir est de nouveau présent; la contemplation du reflet de la divinité dans sa propre âme, livrant le secret et donnant l'ultime clé d'accès à la cité intérieure de l'être.

Moins mystiquement, Carl Gustav Jung en dit: «celui qui regarde dans le miroir de l'eau voit d'abord sa propre image. Celui qui se regarde, risque de se rencontrer. Le miroir ne flatte pas, il montre fidèlement ce qui s'y reflète, à savoir ce visage que l'on ne montre jamais au monde car on le cache par le personnage, le masque de l'acteur».

Les miroirs en étain poli, que les femmes des hébreux apportèrent (ainsi que leurs bijoux) pour être fondus afin de fabriquer les ustensile servant aux ablutions des prêtres du Tabernacle, furent refusés dans un premier temps, sous prétexte d'être des objets de frivolité. Cependant, D.ieu ordonna de les prendre parce qu'ils servaient aux femmes pour se faire belles afin d'adoucir la souffrance de l'esclavage de leurs époux.[24]

---

[24] *Échanges avec Haïm Korsia à la GNLF*: <tinyurl.com/Haim-Korsia>.

Dans la Tradition, **la Prudence est représentée par un miroir entouré d'un serpent**. Cela fait dire à Philibert De l'Orme: «un compas entortillé d'un serpent signifie que **l'architecte doit mesurer** et compasser toutes ses affaires et toutes ses œuvres et ouvrages **avec prudence** et mûre délibération» et de rajouter «soyez prudents ainsi que les serpents et simples comme les colombes»[25].

En alchimie, le miroir de la Prudence, «qui est celui de la Vérité, fut toujours considéré par les auteurs classiques comme le hiéroglyphe de la matière universelle, et particulièrement reconnu entre eux pour le signe de la substance propre du Grand Œuvre. Sujet des sages, Miroir de l'Art sont des synonymes hermétiques qui dérobent au vulgaire le nom véritable du minéral secret. C'est dans ce miroir, disent les maîtres, que l'homme voit la nature à découvert. C'est grâce à lui qu'il peut connaître l'antique vérité en son réalisme traditionnel. Car la nature ne se montre jamais d'elle-même au chercheur, mais seulement par l'intermédiaire de ce miroir qui en garde l'image réfléchie».[26]

La catoptromancie est un art antique basé sur un phénomène d'autohypnose où la conscience flottante s'abandonne à ses visions intérieures, via le miroir[27].

Le regard de l'autre va devenir le miroir où nous allons retrouver ce double que nous avons perdu.[28]

---

[25] Œuvres de Phillibert de l'Orme, *Livre III, De l'Architecture*, 1626, p. 50v: <tinyurl.com/philibert-de-l-orme>.

[26] Fulcanelli, *Les demeures philosophales* (Tome 2), planche *XXXVIII*, 1930: <tinyurl.com/les-demeures-philosophales>.

[27] Julien Bonhomme Réflexions multiples. Le miroir et ses usages rituels en Afrique centrale: <tinyurl.com/miroir-en-Afrique>.

Le franc-maçon se rencontre lui-même comme miroir du Tout qu'il construit dans son intériorité singulière; ne parle-t-on pas de maçonnerie spéculative!

L'épreuve du miroir apparaît en 1778 dans la Maçonnerie lyonnaise où naquit le RER. Alors, la cérémonie de réception de l'apprenti ne mettait pas en œuvre le miroir. C'était «au 2ème grade, que le candidat les yeux bandés était conduit devant un miroir caché par un rideau. Après que le vénérable l'ait incité à rentrer en lui-même pour y passer en revue ses erreurs et ses préjugés, le bandeau lui est enlevé et il contemple son, visage dans le miroir éclairé par un réverbère». Ce n'est qu'en 1782, au Convent de Willemsbad, qu'elle fut adoptée par le RER au 1er degré et perdure dans les autres Rites qui pratiquent cette épreuve.

Dans le rituel d'initiation au REAA et au Rite Français Groussier, le miroir présenté à l'impétrant a pour signification que son reflet est son plus grand ennemi avec lequel il faut se réconcilier. Le *Gnothi seauton*, connais-toi toi-même, de Socrate est explicite: il s'agit de connaître ses limites. C'est un rapport aux autres, une indication de juste mesure, celle qui fait se courber pour passer une porte basse. Cette injonction est initiatique et indique une démarche progressive dans un état de conscience, non d'inconscience. La *phronésis*, la sagesse pratique, est une incitation à la réserve par le savoir. Le miroir n'est pas seulement un appel à une introspection, c'est surtout une invitation à une mise en relation de l'être avec ses limites.

---

[28] *Gaston Bachelard, une enfance parmi les eaux:* <tinyurl.com/Bachelard-reverie>.

Le dédoublement et l'inclusion de l'initié dans son propre champ de vision sont en effet les conditions minimales de la transformation initiatique. Le face-à-face concentré du néophyte avec son propre reflet manifeste que l'initiation est un retour sur soi. Se regarder pour se connaître, c'est ne pas rester médusé par son propre reflet mais ouvrir son visage sur l'altérité avec l'humilité qui fait place à l'autre en l'acceptant dans la lumière nécessaire pour le voir.

Au RER, une épreuve du miroir, voilé de bleu ou de brun, se passe au cours du quatrième voyage de la réception du compagnon. Lorsqu'il lui est présenté, le récipiendaire peut y lire sur un phylactère: «Si tu as un vrai désir, du courage et de l'intelligence, écarte ce voile et tu apprendras à te connaître».

Le miroir donne à réfléchir sur soi et sur le monde; qui scrute qui dans le miroir?

Dans son *Cours pratique de la Franc-Maçonnerie au grade de compagnon*, Jean Baptiste Chemin-Dupontès, en 1840, évoque une pratique du Rite Français peu connue: «Le Vénérable présente à l'aspirant une autre face du miroir qui lui défigure entièrement les traits, en les allongeant outre mesure sous un aspect, les adoucissant sous un autre, et les montrant sous un troisième très oblique. C'est, lui dit-il, l'emblème du vice, du mensonge et de l'erreur qui altéraient la beauté de votre âme et obscurcirait votre entendement si vous n'étiez sur vos gardes... Combattez sans cesse l'autre, qui est votre ennemi le plus dangereux, et qui rôde sans cesse autour de vous».

Il faut également retenir le sens de visée (venant du mot mire). Le miroir doit être l'instrument qui permet la visée (morale), l'alignement. C'est pourquoi le miroir n'est pas, en fait, qu'un objet d'auto-contemplation, mais aussi l'instrument de la ligne de mire qui doit révéler l'angle secret de ce qui n'apparaît pas encore, mais qui est en gestation, le futur maître. Ce n'est pas la complaisance que le miroir propose, c'est un «autre» mis au-devant de nous. Nous sommes, sans le savoir incomplets, inachevés. Il y a une habitude à se voir; une telle habitude que c'est à son image inversée que l'on croit ressembler. Nous sommes souvent surpris de nous voir tel que les autres nous perçoivent. Il faut un jeu de doubles miroirs pour annuler l'effet d'optique et remettre le reflet à l'endroit; il faut le regard de l'autre pour compléter la vérité de notre être. C'est la réponse à la question «êtes-vous franc-maçon» qui le dit explicitement, «mes frères me reconnaissent comme tel».

Ton prochain est ton reflet. Si ton visage est propre, telle sera l'image que tu recevras en retour. Mais si tu vois une tâche sur ton prochain, c'est en fait ta propre imperfection que tu aperçois[29].

Alors **quand deux ramoneurs sortent d'une cheminée; l'un en sort tout noir et l'autre tout blanc; lequel des deux va se laver?**[30]

---

[29] Aphorismes du Baal Chem Tov
[30] Vidéo très amusante qui interroge la question: <tinyurl.com/parodie-du-talmud>.

7 LA SOLITUDE ET LA CONNAISSANCE DE SOI

Un conte philosophico-initiatique inspiré du chapitre précéedent[31].

> *Et si ce que nous donne le monde n'était qu'un reflet*
> *de ce que nous donnons au monde?*

C'était un rivage inhabité, sans limite où, dans la solitude commençait ce qui lui parut un désert. Émat avait justement voulu venir là, dans un renoncement aux distractions citadines, pour une solitude nécessaire au dépouillement mondain. Seule son ombre le suivait. Sa marche, les yeux fixés sur ses pensées, ne s'y laissait plus appréhender selon des coordonnées horizontales de distance parcourue, mais selon celles de la profondeur. Il ne s'identifiait plus au touriste assuré de ses trajets, ni à l'errant désorienté qui fuit, mais au pèlerin dans la quête de cet ailleurs dont on lui avait parlé. L'intérieur de l'homme est un désert, un vide pour Cioran, un abîme pour Victor Hugo, Hermann Hesse, Gérard de Nerval, Blaise Pascal, Paul Valéry et tant d'autres. L'invitation à se connaître de toutes les initiations n'est rien d'autre

---

[31] Vous ne serez pas étonnés d'y trouver des répétitions.

qu'un appel à prendre conscience de son propre désert. C'est une vision à la fois de sa misère et de sa grandeur.

Lorsque la lumière du grand bleu du ciel, dans l'alternance cosmique, laissa la place à l'obscurité de la nuit, «son mouvement s'évanouit au seul nommer de l'Infini»[32] devant cette immensité sans autre décor qu'elle-même.

S'allongeant, avec une pierre pour oreiller, Émat s'endormit et rêva.

Il était devant l'architrave du frontispice du temple de Delphes dédié à la Pythie. Apollon lui désignait les mots gravés dans la pierre; «connais-toi toi-même» qui s'y détachaient. Il n'avait pas besoin d'épeler les mots, il les connaissait; Socrate les revendiquait, tandis que Pline l'Ancien les attribuait à Chilon de Sparte. Platon, qui chercha à en trouver le sens, montrant le ciel et la terre, ouvrait tous ses livres où il avait mentionné cette phrase. Comme des abeilles qui vont polléniser la pensée, des feuilles de son *Charmide*, de *Philèbe*, de *Protagoras*, d'*Alcibiade* et de ses *Lois* s'envolaient et lui laissait entrevoir l'importance de cet impératif: «Connais-toi toi-même et comprends, comme une injonction initiatique, que c'est une clef pour comprendre le monde et la vie».

À son réveil dans l'aurore naissante, se souvenant de son rêve, il s'interrogea: **comment faire pour se connaître?**

Tournant son regard, Émat examina ce qu'il pouvait constater sur lui. Évidemment, il ne pouvait voir de son corps que ses bras, ses jambes, son torse, rien de son dos, rien de sa face.

Comme un aveugle, il effleura de ses mains la forme de son visage. **Que** suis-je? Le questionnement, le quoi, était

---

[32] Milosz Lubicz, *Épître à Storge,* p.21: <tinyurl.com/epitre-a-storge>.

déjà inscrit dans son patrimoine d'humanité parce que la somme des lettres hébreux du nom de l'idée de l'humain biblique «Adam»[33], 45, correspond à *ma*, qui vaut aussi 45, le «quoi», le questionnement3. D'ailleurs c'est avec le questionnement que les Hébreux furent nourris dans le désert de l'Exode, avec la manne, en araméen, *mahanou*, «qu'est-ce que c'est?».

Émat se sentit comme le reflet du monde, microcosme, image fractale d'une création qui inscrit dans son être les proportions mystérieuses et universelles que les nombres révèlent et qui furent chantés par Pythagore. Est-ce cela connaître l'Univers? L'univers est en moi essaya-t-il de se persuader. Ce qui lui avait paru étranger devint étrangement lui-même. Il en fut heureux et eut envie de voir si son visage en avait changé. Il lui fallait un miroir, un corps suffisamment poli, une surface de réflectance, une pierre polie comme l'obsidienne, ou un morceau de verre, ou un bout de métal ou encore tout plan d'eau avec une onde calme qui lui renverrait son image.

---

[33] On ne rencontre l'écriture Adam (אָדָם) qu'aux versets Gen ; 1, 26 et 3,21. Son nom Aadam (הָאָדָם) est expliqué au chapitre 2 de la Genèse, verset 7: au moment où il devint «un animal avec une âme» par le rajout du Hé, le souffle divin. Cela fait passer la somme des lettres du mot Adam, 45 (אָדָם), correspondant au mot «quoi» (מה), à la somme des lettres d'Aadam 50, donnant «qui» (מי) ; comme s'il était passé de l'état d'objet, d'idéation. "Faisons l'homme (adam) à notre image" devient sujet dans sa corporéité, "Dieu créa l'homme (Aadam)". Cela nous invite à réfléchir sur la préexistence des âmes avant leur descente dans des corps produit par la chute et au thème de la réintégration des êtres bien connu du Régime Écossais Rectifié.

Il **chercha, et trouva** un tesson de bouteille et s'en servit comme d'une psyché. L'objet, concave d'un côté, lui fit songer à ces miroirs ardents, capables de concentrer l'énergie solaire au point que Lavoisier l'utilisa pour fondre l'or. Il songea, aussi, à ces calices qui, suivant leurs formes et leurs angles de réfraction retiennent ou renvoient la lumière après l'avoir reçue. Il sourit en retournant ce miroir de sorcière. Il voyait s'y refléter, dans sa courbe convexe, ce qui l'entourait. La forme captait des images au-delà de son champ de vision, devant lui, derrière, en haut, en bas, mais sa propre image était déformée.

Émat se souvint d'une pratique du Rite Français: «Le Vénérable présente à l'aspirant une autre face du miroir qui lui défigure entièrement les traits, en les allongeant outre mesure sous un aspect, les adoucissant sous un autre, et les montrant sous un troisième très oblique. C'est, lui dit-il, l'emblème du vice, du mensonge et de l'erreur qui altéraient la beauté de votre âme et obscurcirait votre entendement si vous n'étiez sur vos gardes…»[34]

Alors, en dévoilant, le miroir déforme-t-il aussi?
Devant l'évidence, Émat constata que le miroir ne donne à voir qu'une image en deux dimensions, une apparence diminuée? L'être, son histoire, ses potentialités, sa raison ou sa spiritualité, en un mot sa phénoménalité ne se trouve pas dans ce qui est reflété. Tout être est gonflé de changements et de potentiel. C'est aussi ce que Plutarque fait dire à Ammonios: «L'homme d'hier est mort dans

---

[34] Dupontes, *Cours Pratique de Franc-maçonnerie:* <tinyurl.com/Cours-Pratique-de-FM>.

l'homme d'aujourd'hui, l'homme d'aujourd'hui est en train de mourir dans l'homme de demain; personne ne demeure et personne n'est un, mais nous devenons plusieurs, tandis que la matière circule et glisse autour d'une image unique et d'un moule commun5[35]. Les degrés et fonctions maçonniques n'assignent–ils pas qu'une identité provisoire au franc-maçon?

Mais oui, mais c'est bien sûr pensa Émat, cela veut dire que ni soi, ni l'autre ne sont qu'une apparence et que le corps porte davantage que son extérieur; il est le lieu où sa vie exprime le mouvant et émouvant grand Tout. Ce bout de verre lui renvoyait la question de l'existence, de l'être au monde, par le dévoilement des forces secrètes et invisibles qui animent et dirigent l'ordre des choses visibles et là, dans son séjour dans son reflet, Émat comprit que *le vrai est le négatif des apparences*[36].

Un vol d'oiseaux sauvages griffa le ciel. Cela lui fit penser à ce livre de conte, *La conférence des oiseaux*, qu'il avait trouvé abandonné sur un quai de gare et qu'il avait ramassé comme si cet ouvrage lui était destiné pour lui délivrer un message.

La conférence des oiseaux[37] est une épopée mystique soufie qui retrace la quête d'oiseaux pèlerins partant, sous la conduite d'une huppe[38], à la recherche de leur roi, la

---

[35] Plutarque, *Œuvres morales*: <tinyurl.com/oeuvres-morales>.

[36] Compléter par la lecture du texte de J.M. Vivenza, *Entretiens spirituels et ecrits -metaphysiques* au paragraphe II, *La détermination au négatif est inscrite dans l'Être*: <tinyurl.com/entretiens-spirituels>.

[37] *La conférence des oiseaux* de Farid ûd-Dîn Attâr: <tinyurl.com/cpnference-des-oiseaux>.

[38] La Huppe ou la Simorgh serait l'oiseau qui aurait permis à Salomon de s'emparer du shamir. *La légende de Soliman*, note 26, p. 15: <tinyurl.com/legende-de-Soliman>.

Sîmorgh. Partis par milliers, à la fin de l'épopée, seuls trente oiseaux parviennent au terme de leur quête et peuvent contempler l'oiseau sublime. À ce moment précis et par un subtil jeu de mots, la Sîmorgh devient le miroir de ces *sî-morgh* («trente oiseaux» en persan) qui découvrent, en l'oiseau qu'ils cherchaient, le secret profond de leur être.

Comme cela a été analysé, «lorsqu'ils tournent le regard vers Sîmorgh, c'est bien Sîmorgh qu'ils voient. Lorsqu'ils se contemplent eux-mêmes, c'est encore Sî-morgh, trente oiseaux, qu'ils contemplent, identité dans la différence, différence dans l'identité». On retrouve ici le concept d'âme du monde identique à tous les êtres, se mirant en chacun d'eux, tout en se manifestant de façon différente. *«Ce cantique des oiseaux est le reflet des âmes humaines»*[39].

Maître Eckhart, dans le même sens, affirmait que «le regard par lequel je Le connais, est le regard par lequel Il me connaît». Le motif central du miroir est de nouveau présent; la contemplation du reflet de la divinité dans sa propre âme, livrerait le secret et donnerait l'ultime clé d'accès à la cité intérieure de l'être.

Dans le fond, il ne se connaissait pas vraiment pensa-t-il. Ce que nous percevons finalement en notre personne, conclut-il, au stade de sa réflexion devant le miroir, c'est un «autre» mis au-devant de nous. Nous sommes, sans le savoir incomplets, inachevés. Il y a une habitude à se voir; une telle habitude que c'est à mon image inversée que je crois ressembler. Mais qui scrute qui dans le

---

39 Podcast de Michael Barry *La contemplation comme voie spirituelle*: <tinyurl.com/Barry-la-contemplation>.

miroir? Si j'étais de l'autre côté du miroir, est-ce que je me verrai aussi inversé? Nous sommes souvent surpris de nous voir tel que les autres nous perçoivent. Il faut un jeu de doubles miroirs pour annuler l'effet d'optique et remettre le reflet à l'endroit, il faut le regard de l'autre pour compléter la vérité de notre être.

La réponse à la question «êtes-vous franc–maçon» le dit d'une certaine façon: «mes frères me reconnaissent comme tel».

Que verrais–je si le support du reflet était un plan d'eau se demanda-t-il? Alors, Émat voulut en faire l'expérience, **chercha, et trouva** une mare sombre et claire à la fois. Il s'assit, se pencha.

Une métamorphose! Il était, à la fois, au bord de l'eau et tout entier dans l'onde calme, il se trouvait à deux endroits à la fois, il était dans un état superposé, à la fois ici et là-bas dans un état fluidique.

Si près de son reflet aqueux, comment ne pas se rappeler Ovide? Liriopé, la nymphe bleue, eut un fils du dieu du fleuve, Céphise, qui la viola. Narcisse fut le nom de l'enfant qui naquit à Thespies, en Béotie. Le divin Tirésias prédit que Narcisse vivrait très vieux à condition qu'il ne se voie pas. Et Narcisse grandit, et Narcisse devint beau.

Parmi ses amoureuses, la nymphe Écho fut repoussée et en réclama vengeance. Ce fut Némésis qui, dans l'eau claire d'une source, fit voir à Narcisse son reflet dont il en tomba amoureux. Se rendant compte que l'amour pour soi-même est vain, Narcisse dit adieu… adieu lui répondit Écho. Et, posant sa tête fatiguée sur l'herbe verte, Narcisse ne fut plus.

Que de légendes autour de ce psychodrame! Que l'eau dans laquelle Narcisse se noie soit en fait celle de l'image de son père Céphise, le dieu fleuve, qui abusa sa mère, ou que son reflet soit celui d'une sœur jumelle morte qu'on lui prêtait et que son amour pour elle l'ait conduit à la rejoindre, ou que ce soit la punition d'un amour de soi-même, ce sont toujours des interprétations psychanalytiques dans lesquelles ce sont les traumatismes qui triomphent.

Quel terrible destin de mourir parce que nous aurions entrevu ce que nous sommes! s'exclama Émat intérieurement.

L'inconscient serait-il notre pire ennemi comme les freudiens veulent le laisser croire?[40]

L'approche de la vérité de soi se fait dans le champ de la conscience personnelle en fut persuadé Émat. Au Rite écossais rectifié, une épreuve du miroir voilé se passe au cours du quatrième voyage de la réception du compagnon. Lorsqu'il lui est présenté, le récipiendaire

---

[40] L'épreuve du miroir apparaît en 1778 dans la Maçonnerie lyonnaise où naquit le RER. Alors, la cérémonie de réception de l'apprenti ne mettait pas en œuvre le miroir. C'était «au 2ème grade, que le candidat les yeux bandés était conduit devant un miroir caché par un rideau. Après que le vénérable l'ait incité à rentrer en lui-même pour y passer en revue ses erreurs et ses préjugés, le bandeau lui est enlevé et il contemple son, visage dans le miroir éclairé par un réverbère.» Ce n'est qu'en 1782, au Convent de Willemsbad, qu'elle fut adoptée par le RER au 1er degré et perdure dans les autres Rites qui pratiquent cette épreuve.

Dans le rituel d'initiation au REAA et au Rite Français Groussier, le miroir présenté à l'impétrant a pour signification que son reflet est son plus grand ennemi avec lequel il faut se réconcilier.

peut y lire sur un phylactère: «Si tu as un vrai désir, du courage et de l'intelligence, écarte ce voile et tu apprendras à te connaître». Le miroir donne à réfléchir sur soi et sur le monde. Il vaut mieux réfléchir et ne pas regarder se réfléchir.

C'est ce que me propose le *Gnothi seauton*, le «connais-toi toi-même» du Temple de Delphes. C'est une connaissance pour vivre et non pour mourir, pour vivre, non seulement avec soi-même, mais avec les autres, pensa Émat.

Il s'agit bien de connaître ses limites; cela se fait par un état de conscience, pas d'inconscience. C'est un rapport aux autres, une indication de juste mesure, celle qui fait se courber pour passer une porte basse, par exemple.

La *phronésis*, la sagesse grecque pratique, est une incitation à la réserve par le savoir, une modération dans le plaisir. Pour Socrate, la vocation morale de l'être est dans la tempérance et la mesure, dans la connaissance de notre portée. Socrate est explicite: «Celui qui ignore ses capacités ne se connaît pas lui-même... Ceux qui se connaissent eux-mêmes savent ce qui leur convient et, distinguant ce qu'ils savent, ils se procurent ce dont ils ont besoin et ils sont heureux...».

Émat savait que, sur le marbre de ce même fronton, s'offrait aux yeux du pèlerin l'inscription *é Mèden agan*[41], «et rien de trop». Pour ce qui concerne le contenu de sa vertu éthique, Aristote le définit comme le juste milieu (*mêsotès*) entre deux extrêmes condamnables nommés ellipse et hyperbole. C'est une exigence morale

---

[41] *eï* Μηδὲν ἄγαν (Et rien de trop) au cœur de la pensée grecque: Sénèque explore les «trop» qui empêchent la vie heureuse dans ses Consolations: <tinyurl.com/les-trop-de-Seneque>.

qui s'accompagne de 147 commandements qui auraient été écrits par sept sages[42]. «La vertu fait viser le milieu[43]. Ainsi, quiconque se connaît fuit alors l'excès et le défaut. Il cherche au contraire le milieu et c'est lui qu'il prend pour objectif. Et ce milieu n'est pas celui de la chose, mais celui qui se détermine **relativement à nous**». C'est bien la tempérance maçonnique.

Émat sourit en pensant à cette bévue, communément répandue, que «**et tu connaitras l'univers et les dieux**» serait la suite de la phrase **Cette conclusion, ajoutée plus tardivement, n'a jamais été gravée sur le temple de Delphes!** Connaître les dieux serait d'ailleurs antinomique avec ce que disait Socrate: ce qui est au-dessus de nous est sans rapport avec nous. Pour Socrate, «Connais-toi toi-même» signifiait qu'il faut atteindre la connaissance et la maîtrise de soi et s'affranchir des spéculations idéologiques et des explications théologiques (à une époque où la vénération des dieux était telle que l'on s'en remettait à eux pour tous les grands choix et évènements de la vie). Le «toi-même» du précepte invite à l'éveil de soi-même, à ne plus s'en remettre aux dieux pour tous les choix à faire et, par conséquent, à ne pas faire porter aux dieux la responsabilité de toutes nos erreurs.

---

[42] Les sages par Platon, dans Protagoras p.46: Thalès de Milet et Bias de Priène, tous deux de l'Ionie ; Pittacos, Éolien, de Mytilène dans l'île de Lesbos ; Cléobule de Lindos, ville Dorienne de l'Asie ; Solon d'Athènes et Chilon de Sparte ; quant au septième, au lieu de Périandre, fils de Cypsélos, Platon, fils d'Ariston, mentionne Myson de Chénées (il y avait autrefois sur le mont Oeta un bourg de ce nom).

[43] *Les Commandements ou Ordres de Delphes*: <tinyurl.com/Ordres-de-Delphes>.

Le miroir n'est pas seulement un appel à une introspection, c'est surtout à une mise en relation de l'être avec ses limites. Se regarder pour se connaître, c'est ne pas rester médusé par son propre reflet, rester figé dans une dimension achevée, mais c'est ouvrir son visage sur l'altérité, avec l'humilité qui fait place à l'autre en l'acceptant dans la lumière nécessaire pour le voir. C'est pourquoi le miroir, en fait, est aussi l'instrument de la ligne de mire qui doit révéler l'angle secret de ce qui n'apparaît pas encore, mais qui est en gestation, l'être en devenir avec les autres. Ce n'est pas la complaisance que le miroir propose, c'est un «autre», des autres, mis au-devant de nous. Le regard des autres va devenir le miroir où nous allons retrouver ce double que nous avons perdu[44].

Le mot visage, en hébreu *panim*, n'est-il pas un pluriel? N'y a-t-il pas sur une seule goutte de pluie tout le reflet du monde?

Il faut de l'expérience pour se connaître, il faut nous voir réagir à nos épreuves en ajustant nos actions éthiques.

Il faudrait mesurer nos convictions à la force de nos engagements en expérimentant le possible de nos vies entre désirs, rêves, attentes et réalités. La sagesse de Salomon n'est-elle pas de considérer comme vain tout ce qui ne dépend pas de nous-mêmes?

Le «connais-toi toi-même» demande de tracer le cercle avec un compas ouvert sur la mesure de notre potentiel.

---

[44] Vidéo avec Gaston Bachelard, *Une enfance parmi les eaux*: <tinyurl.com/Bachelard-les-eaux>.

Dans la Tradition, la Prudence n'est-elle pas représentée par un miroir entouré d'un serpent?[45]
Ce cercle ne fait pas de nous un centre, car c'est à sa périphérie nous avons à le parcourir dans le contact avec les autres?
Émat glissa doucement vers un état proche de la catoptromancie, cet art antique basé sur un phénomène d'autohypnose où la conscience flottante s'abandonne à ses visions intérieures, via le miroir.
Le miroir ne me flatte pas, se dit Émat, il ne me montre que ce qui s'y reflète, à savoir mon visage, pas l'être que l'on ne montre jamais au monde car on le cache par le personnage, le masque de l'acteur. Le masque, c'est à la fois l'écran et l'exhibition de la personne elle-même. *Persona* est en latin le masque de l'artiste qui cache son visage. Le masque est ainsi le support d'une dialectique du visible et de l'invisible, du dévoilement et du retrait. L'être en sa profondeur est secret et se doit malgré tout de faire des apparitions. Le masque dit la nécessité d'un écran, d'une caisse de résonance pour l'existence de l'homme comme altérité nécessaire de soi.
Comme le bandeau, comme la colonne des apprentis, le miroir, ce désert personnel, est une invitation à descendre dans les tréfonds de la conscience de soi, mesurant la pesanteur de ses pensées, de ses actes et de ses propos, puis à s'élever, libéré, régénéré, apaisé et confiant, ayant accédé à un nouveau niveau d'intelligence cognitive. L'être n'est pas un Néant, il est un étant qui participe à la Création en l'actualisant dans son impermanence, il en est un de ses flots de conscience.

---

[45] Œuvres de Phillibert de l'Orme, *Livre III, De l'Architecture,* 1626, p. 50v <tinyurl.com/philibert-de-l-orme>.

Dans l'onde se reflétait aussi le ciel au milieu duquel il semblait maintenant se trouver. Émat comprit que le *speculum*, autre nom latin du miroir, génère le verbe «spéculer», que le visage, dans lequel il se reconnaissait plus ou moins, importait peu. Son continent de complexité, et de celui qui l'entoure, lui avaient donné à réfléchir pour en connaître son être. Ce fut une évidence: ce sont ses actes qui en dessineraient les contours et que l'amour qu'il pouvait donner et recevoir en reculerait les frontières.

Émat ramassa une pierre qu'il jeta tendrement dans la mare, son image disparut dans les molécules de l'eau qui en seraient dorénavant les gardiennes. Se relevant du bord de la rive, il pénétra dans la lumière de l'air et, de cette matière à voir, il en fit du vent, retenu par la voile de son être, pour amorcer le mouvement de ses pas et quitter son désert. Sa quête ne devait pas s'y achever.

Viendra le temps de la reliance, de la ***médiation*** après celui de la ***méditation***. Là se lieront les informations extérieures aux ressentis intérieurs, là s'effectuera la coïncidence des opposés dans le mouvement et l'équilibre, en cessant de se regarder dans l'immobilité, avec ce **qu'il avait connu de lui–même**. En ce sens, le désert est un lieu de passage: se quitter soi-même, abandonner son moi superficiel pour trouver son Soi. Dans le désert, le pèlerin des sables se meut au contact de l'infini. Il s'immerge dans l'alliance de la terre et du ciel, dont le cœur en est le foyer de convergence. La contemplation ne peut qu'être expérience, un moyen de connaître des faits que l'on ne voit pas, de trouver une condition humaine autre.

En initiation, comme en hébreu, *le désert n'est qu'un passage.* En hébreu le mot désert s'écrit «midbar», avec comme racines les lettres daleth beth et reich. Avec ces mêmes racines, l'hébreu écrit, entre autres, les mots: *dabar* qui signifient la parole, mais aussi la peste; *débora,* l'abeille et *doberot,* les radeaux sur lequel furent amenés les bois de cèdre depuis le Liban pour construire le Temple de Salomon (I Rois; 5,23).

Leur point commun? C'est le mouvement, le passage d'un point à un autre, le fait de transmettre.

La pensée de l'accomplissement de soi, héritée d'une tradition immémoriale, est celle de l'épreuve.

Cette pensée de l'épreuve est la pensée de l'effort en tant qu'il construit le moi, mais en tant que le moi trouve, par son intermédiaire, une finalité plus haute que lui qui est sa place dans le réel naturel ou social. Une pensée s'imposa à Émat: «autrui fonde l'essence du moi; je ne suis que ce que tu es; si tu n'étais pas, dans ma solitude je ne serais plus[46]«. Ma relation à l'autre «n'est pas qu'un échange de droits pour régler des libertés rivales», il est son visage qui me fertilise et qui m'assigne à la responsabilité[47].

En mettant ses pas les uns devant les autres, Émat se dirigea vers l'horizon pour le faire reculer. Il murmura à cet instant: «Que je sois le veilleur de tous les horizons / Permets à mon regard plus hardi et plus vaste / d'embrasser soudain l'étendue des mers»[48].

---

[46] André Neher, *Amos, Contribution à l'étude du prophétisme,* p.263, J. Vrin, 1950.

[47] Corine Pelluchon, *Introduction à Levinas:* <youtu.be/56ij-agDIL0>.

[48] Rainer Maria Rilke, *Le Livre de la pauvreté et de la mort,* traduit de l'Allemand par Adamov.

En s'entendant, il comprit que son horizon des eaux avait renversé son reflet du paraître et que son questionnement «**que** suis-je?» était devenu la joie de la question existentielle «**qui** suis-je?»[49]

Restera la question: son désir d'être sera-t-il être un autre ou être encore plus lui-même?[50]

---

[49] En hébreu eau se dit «Mayim» (Mèm, Yod, Mèm). «Mah» (Mém, Hé) veut dire Quoi? Le reflet de im est mi (Mém, yod) qui veut dire «Qui». Une fois cette étape du questionnement franchie, l'homme peut alors pénétrer dans la Sagesse créatrice et devient «Tsadik», un Juste, dont la lettre initiale, le «Tsadé», a pour valeur 90, soit précisément la valeur guématrique de «Mayim» les eaux!

[50] Le désir d'être pour Schopenhauer, c'est être un autre, pour Spinoza, c'est être encore plus le même.

8 MOTS DE PASSE OÙ NOUS TROUVONS SCHIBBOLETH

Le mot de passe peut être un code comme pour un coffre, ou des mots de *login* renforcés par un code constituant la clé complète d'accès à des informations personnelles sur le net. **Un mot de passe laisse donc supposer un dedans et un dehors, quelque chose qui permette l'ouverture, un accès. Il est une frontière.**

S'il s'agit d'un droit de passage, alors, ce sont des règles d'usage, de connaissance et de comportement, d'appartenance à un groupe dont il faut justifier.

En Égypte, l'initié au premier degré, restait trois ans sans communiquer avec le monde profane et, en cas de sortie, il ne pouvait plus rentrer. Au contraire, l'initié au second degré possédait un mot de passe, parce qu'il avait, dans certains jours de la semaine, la liberté de sortir.
Pouvoir aller et venir! De simple tampon sur la main de celui qui sort d'une boîte de nuit, ou bracelet au poignet dans les piscines, le mot de passe, comme certains le présagent, pourrait devenir une puce électronique

chevillée au corps contenant des informations sur les exigences permettant de circuler en société!

Une légende populaire raconte qu'en 1282, pendant les vêpres, les Siciliens révoltés contre les troupes de Charles d'Anjou à Palerme et contre la plupart des Français, obligeaient les étrangers à prononcer le mot «*«tchitchirou*» (signifiant «pois chiche») pour découvrir s'il s'agissait d'un Français sinon ils étaient massacrés.

Autre exemple: dans les années 1930, le dictateur de la République dominicaine, Trujillo, veut chasser les travailleurs haïtiens. Pour distinguer les dominicains (de langue espagnole) des haïtiens (de langue créole et française) il leur demande de prononcer «*trujillo*» ou «*perejib*». Plus de 20000 travailleurs et travailleuses d'Haïti (enfants compris) furent tués à la machette pour ne pas avoir prononcé ces mots correctement.

Semblablement, pendant la Seconde Guerre mondiale, les troupes américaines, qui avançaient contre les Japonais d'une île du Pacifique à l'autre, devaient s'assurer que leurs bases de ravitaillement étaient à l'abri des attaques des saboteurs japonais. Ils ont choisi le mot de passe «*Lollapalooza*» pour leurs sentinelles à utiliser comme défi parce que les Japonais étaient incapables de faire la distinction entre la prononciation anglaise de «R» et «L» et le prononçaient «*rorraparooza*».

Détenir un mot de passe ne peut donc se faire sans l'octroi d'un statut d'appartenance à un groupe, c'est le cas en Franc-Maçonnerie.

Sans être tout à fait un mot de passe, on peut considérer l'expression «il pleut» comme une façon de se reconnaître entre francs-maçons dans le monde profane.

«Il pleut» peut être utilisé par des francs-maçons dans une discussion afin d'avertir d'une indiscrétion possible, par exemple si des profanes peuvent entendre leur conversation.

Le *Manuscrit Dumfries* de 1710 consigne: «Quand vous entrez dans une pièce, vous devez dire «La maison est-elle propre ?». Si l'on répond: «elle est mal couverte» ou «Il dégoutte», vous devez rester silencieux».

Le Rite opératif de Salomon de l'OITAR, dans son *Manuel d'instruction de l'apprenti* formule ainsi: «Quelle est la place du manœuvre (le profane)? Dans les parvis du temple, pour celui qui est choisi, et sous les gouttières pour les autres, jusqu'à ce que l'eau qui leur entre par les épaules leur ressorte par les souliers».

Dans l'Apocalypse, Jean reçoit d'un Ange un roseau d'une toise de longueur avec ordre de mesurer le Temple à l'exception du Parvis qui est abandonné aux Gentils qui devront le fouler pendant trois ans dans les ténèbres extérieures.

On trouve dans le *Rituel du marquis de Gages* de 1763: «Quelle peine endurerait un profane qui oserait se glisser dans vos loges? Il serait mis sous une gouttière ou pompe et on le mouillerait de la tête aux pieds puis on le chasserait»[51].

Dans *la Maçonnerie disséquée* de Prichard, 1730: « Q. - Si un Cowan (ou un indiscret) est surpris, comment doit-il être punis? R. - Il doit être placé sous les gouttières de la

---

[51] <tinyurl.com/rituel-MarquisDeGages>.

maison (par temps de pluie) jusqu'à ce que l'eau coule sur ses épaules et de là jusqu'à ses souliers».

Et si tout simplement l'expression venait du temps de la construction des cathédrales où la loge était construite pour être à l'abri de la pluie, et là il ne pleut pas!

Il semble que ce terme de «mot de passe» soit d'origine militaire comme partie du mot d'ordre qui se décompose, plus précisément, en mot de sommation et en mot de passe; la question constitue la sommation et la passe en constitue la réponse. Le mot de passe est donc un *symbolon* verbal qui permet l'évaluation, la reconnaissance et la validation de la confiance.

Le Mot de maçon servait dès l'origine un moyen de reconnaissance entre maçons opératifs: «Il y a parmi les maçons un signe qu'ils appellent le Mot de maçon. Je ne sais pas ce que c'est mais ils disent qu'aucun d'entre eux ne peut se trouver dans cette tenue sans qu'un autre le considère comme un membre de ce même métier.[52]»

Le Mot de Maçon, au sens le plus simple, désigne donc le mot et les signes permettant d'écarter de la loge non seulement les gens d'un autre métier mais aussi les *cowans* (manœuvres non qualifiés ou maçons «sauvages» soupçonnés d'incompétence et/ou de marginalité).

Le texte *Lois et statuts ordonnés par la respectable loge d'Aberdeen* du 27 décembre 1670 décrit l'entraide fraternelle pratiquée par les maçons d'Aberdeen qui avaient coutume de transmettre le Mot de maçon à leurs fils aînés.

---

[52] Patrick Négrier, *Textes fondateurs de la tradition maçonnique*, extrait d'un sermon de Mr. William Gutgrie, 1663-1664.

Luminescence des paroles et des silences

Dans la *Lettre relative aux seigneurs de Roslin* (1697), on peut lire: «Ils sont obligés de recevoir le Mot de maçon qui est un signe secret que les maçons ont dans tout le pays pour se reconnaître entre eux. Ils prétendent qu'il est aussi vieux que Babel, du temps où ils ne pouvaient se comprendre l'un l'autre qu'en conversant par signes».

Parmi les secrets, le «mot du maçon» était apparemment considéré comme le plus important puisque la partie rituelle du *Manuscrit des archives d'Édimbourg* de 1696 est intitulée «la manière de donner le mot du maçon» (*the forme of giveing the mason word*). Le catéchisme symbolique d'Édimbourg, développant en 1696 ce Mot de maçon, introduisit dans la Franc-maçonnerie l'exégèse symbolique des descriptions bibliques du temple de Salomon, et avec cette dernière la reconquête progressive de l'ensemble de l'ésotérisme biblique, en particulier à travers la symbolique cosmique des monuments d'architecture décrits dans la Bible.

À remarquer que le texte des anciens rituels d'initiation ne sont pas connus, car non écrits, tout franc-maçon devait les savoir par cœur. Tout ce qu'on sait de positif, c'est qu'on y transmettait au moins un «mot» et un «signe» secrets. Une des rares précisions que nous ayons à ce sujet nous est donnée par Robert Kirk qui écrit en 1691: «Le mot de Maçon est un mystère dont je ne veux pas cacher le peu que je sais. C'est une espèce de tradition rabbinique, une sorte de commentaire sur Jakin et Boaz, les deux colonnes érigées dans le temple de Salomon, avec l'adjonction de certain signe secret transmis de main à main, au moyen duquel ils se reconnaissent et deviennent familiers entre eux». Les rituels écrits étaient interdits par la Grande Loge Unie d'Angleterre. Ce savoir était transmis par démonstration sans prendre de note devant les officiers, à charge pour eux de le retransmettre aux frères de leur loge. Dès le XIXe siècle, vont apparaître très vite des détails, des variantes croissantes dans la pratique des rituels car la transmission ne reposait que sur la mémoire. En 1792, parmi les Excellents Maîtres, «neuf preux» furent missionnés pour remettre de l'ordre afin que les «Anciens Landmarks soient scrupuleusement préservés et transmis purs et **non modifiés** à notre postérité **pour toujours**» comme il est dit. C'est ainsi qu'apparurent le *little blue book*, petit livret bleu contenant le rituel écrit de style Émulation, version dite honorable; les secrets sont indiqués en abrégé, avec la première et la dernière lettre des mots.

Aujourd'hui le mot de passe demandé au franc-maçon lui permet d'entrer dans une des chambres du temple, en ayant le grade correspondant (sauf lors d'augmentation de degré, le mot de passe lui sera confié au cours de sa réception à ce nouveau degré). Il est difficile de comprendre pourquoi d'un rite à l'autre, d'un rituel à l'autre, les mêmes mots de passe sont utilisés à des degrés différents. Par exemple: schibboleth au REAA au 2ème grade, au RER on le trouve pour le maître; Tubalcaïn au 1er grade du RF et au 3ème grade du REAA; Gibelin au RER pour le compagnon est aussi le mot de passe du maître au RF.

En Franc-maçonnerie, il est raconté qu'Hiram fit d'abord trois classes de constructeurs dont une d'apprentis, une de compagnons et une de maîtres, leur recommandant de faire chacun, en particulier, leurs devoirs; il les avertit qu'ils seraient tous payés chaque samedi au soir. Il les payait effectivement mais vers la fin du mois. S'étant aperçu qu'il était dupé dans le paiement puisqu'il se trouvait à court d'argent, il s'imagina que les apprentis ou les compagnons l'avait abusé en recevant la paye de maître. Pour remédier à cet abus, moyennant un mot, un signe, un attouchement et une passe les ouvriers venaient déposer leurs outils auprès d'une des colonnes du Temple et recevoir le salaire de leurs travaux. La colonne de gauche servait aux apprentis, celle de droite servait aux compagnons. Les maîtres étaient payés dans la chambre du milieu. C'est du mot de passe des maîtres que les mauvais compagnons auraient voulu s'emparer.

Certaines Loges du rite français indiquent non pas un mot mais un nombre: 3593. L'explication se trouve dans le *Rituel du marquis de Gages* de 1763 apportant une précision de ce qui aurait pu être l'attouchement de reconnaissance du maître pour se faire payer lors de la construction du temple, avant la mort d'Hiram. L'ancien attouchement se faisait ainsi: lorsque les maîtres avaient le samedi arrangé toutes les affaires du temple, ils venaient à la chambre interne où Hiram les recevait et leur demandait mot, signe, attouchement, passe et signification. «Les Maîtres pour recevoir leur salaire prenaient Hiram par la première jointure du doigt médius disant Jakin puis par la seconde disant Booz puis par la troisième disant Jéhovah, nous sommes 3593 Maîtres qui recevons ce salaire». Après la mort d'Hiram, on donna une signification à ces quatre chiffres, il est dit que: trois forment, cinq composent, neuf furent députés pour aller à la recherche du corps du Maître et trois l'assassinèrent.

Il est important de savoir que le choix des lettres constituant les mots de passe de la Franc-Maçonnerie était déjà considéré comme ayant une origine cabalistique en 1726, c'est-à-dire quatre ans avant la publication de *Masonry Dissected*. La première utilisation connue de lettres hébraïques dans les textes de rituels maçonniques se trouve dans le premier catéchisme maçonnique imprimé, *A Mason's Examination*, publié en 1723[53].

Vers le milieu du 18ème siècle, les mots de passe ne guère en usage qu'en France et en Allemagne ainsi que l'évoque la divulgation de l'abbé Pérau, *L'Ordre des francs-maçons trahi et le secret des Mopses révélé de 1758*[54]. On y apprend que **Tubalcaïn** était le mot de passe de l'apprenti, **schibboleth** celui du compagnon et **Giblim** celui de Maître.

Pour le moment, quelques mots sur Giblim avant de nous pencher sur Schibboleth.

C'est avec la forme «Ghiblim», avec un H entre le G et le I, que le pasteur Anderson le mentionne. En effet, la *Constitution dite d'Anderson* de 1723 évoquait déjà ce nom, dans une note de bas de page, dans la description des ouvriers du Temple de Salomon, considérant qu'ils étaient 80000 «*Ish Hotseb* [חוצב] tailleurs de pierres et sculpteurs, appelés aussi Ghiblim lors de la construction du Temple»[55]. Et de préciser dans une édition ultérieure: ils sont, dit-on, d'excellents maçons; ils sont généralement compagnons, parfois apprentis, jamais maîtres.

---

[53] Henrik Bogdan, *L'influence cabalistique sur l'élaboration du grade de Maître en Franc-Maçonnerie*: <tinyurl.com/influence-kabbalistique>.

[54] p. 137: <tinyurl.com/mots-de-passe>.

[55] P. 13/83: <glnc.org/document/anderson.Langlet.pdf>

Ghiblim, ce mot vient de la Bible, du chapitre IRoi5, évoquant le travail des «Ghiblim (que l'on traduit par Gibléens) qui équarrissaient et façonnaient le bois et la pierre pour l'édification du temple». L'origine du mot serait-il *Giblos* ou *Gibeah qui* est une montagne des environs de Jérusalem où, d'après la légende, fut extraite la pierre nécessaire à la construction du Temple?

Ou bien ce mot tirerait son origine de Giblites, les habitants de la ville et la région de Gebal (anciennement Byblos), en Phénicie, sous la domination du roi de Tyr qui les envoya au roi Salomon ainsi que les bois du Liban? Les gens de Byblos avaient la réputation d'excellents ouvriers du bois comme il est écrit en Ézéchiel;27,9: «Les anciens de Gebal et ses gens experts, tu les employais à réparer tes avaries [des bateaux]». C'est à ces spécialistes que Salomon aurait sans doute réservé le travail du bois, tandis que la construction en pierre était attribuée à d'autres ouvriers. Le verset ne devrait-il donc pas se lire, comme le suggère l'archéologue René Dussaud, ainsi: Les Giblites équarrissaient le bois tandis que les ouvriers de Salomon et ceux de Hiram dressaient les pierres pour la construction du temple.[56]

Une parenthèse à propos du bois. Dans le livre de 1440 *Heures de Catherine de Clèves,* la miniature page 109[57] est ainsi commentée: le bois inadapté à la construction du Temple [c'est-à-dire qui aurait été mal taillé, trop court ou trop long comme on le comprend avec la miniature précédente[58]] est employé comme passerelle basse sur le

---

[56] *Byblos et les giblites dans l'Ancien Testament,* p.10/10: <tinyurl.com/Byblos-et-les-giblites>.
[57] <tinyurl.com/la-passerelle-de-bois>.
[58] <tinyurl.com/le-bois-mal-taille>.

ruisseau du Cédron (qui coulait jadis entre Jérusalem et le mont des Oliviers). C'est cette passerelle que la reine de Saba doit franchir pour rendre visite à Salomon. La reine, cependant, avait une vision prophétique que le pont fournirait le bois sur lequel le Christ serait crucifié. Elle refuse donc de marcher sur le pont et patauge, comme on le voit ici, à travers le cours d'eau pour rejoindre le roi qui l'attend.

Dès lors, ne peut-on considérer le mot de passe du maître, giblim, de même que le mythe d'Hiram de ce degré, comme l'hypostase de la crucifixion de Jésus?

Les mots de semestre sont utilisés comme mot de passe.

À partir de 1777, suite à la vérification générale de tous les Maçons du nouveau Grand Orient qui furent reconnus comme réguliers, la communication d'un double mot de reconnaissance, renouvelé tous les six mois fut instaurée. Cette mesure est restée particulière à la Maçonnerie française[59].

Les Mots de semestre, propres à chaque obédience, sont communiqués deux fois par an, parfois une seule fois, lors d'une Chaîne d'Union par le Vénérable aux membres de la Loge. Ce sont deux mots servant de reconnaissance aux francs-maçons en activité. Leur connaissance permet de vérifier l'assiduité maçonnique de celui qui se présente à l'entrée d'une loge qu'il visiterait. La liste des différents mots de semestre est intercommuniquée aux Couvreurs des différentes loges des obédiences «amies» Leur

---

[59] Oswald Wirth, *Le Livre de l'apprenti* chap. *Le Grand Orient de France*.

méconnaissance et leur non communication par un visiteur inconnu pourrait prouver à l'Atelier un manque d'assiduité du franc-maçon qui se présente ou une intrusion interdite.

D'après Jules Boucher, il est interdit de les noter et de les communiquer à quiconque les a oubliés, seul le Vénérable peut les transmettre.

La transmission des deux mots de semestre, en général le nom d'un personnage en lien avec la Maçonnerie et une qualité vertueuse commençant par la même initiale, se fait par chuchotement; le premier mot circule côté Sud, le second, côté Nord. Au cours d'une Chaîne d'Union, le Vénérable transmet à sa droite au 1er Surveillant un mot le plus discrètement possible. Celui qui le reçoit le transmet à son tour à celui qui est lié à lui sur sa droite. Le mot circule ainsi jusqu'à revenir au Vénérable. Celui-ci transmet en même temps à sa gauche au Second Surveillant le second mot qui circule dans l'autre sens pour revenir au Vénérable qui annonce que les mots sont revenus «justes et parfaits». Que de transformations de ces paroles ont fait sourire lorsqu'elles reviennent à l'oreille du Vénérable; l'incompréhension, l'ignorance du chaînon qui ne peut reconnaître ce qu'il entend propagent des approximations cumulatives des mots et que dire du ROPM qui communique des mots de semestre, outre en français, tantôt en hébreu, tantôt des noms de pharaons!

Au RER, selon dans le rituel adopté en 1782 à Wilhelmsbad, la transmission se fait à la fermeture des Travaux du 1er degré, une fois par an, lorsque les frères forment la chaine, bras croisés, autour du tableau de Loge. Dans un premier temps le Vénérable fait passer le mot annuel de l'année précédente puis celui de l'année en cours, ensuite il dit une prière avant de faire rompre la chaîne et de terminer la clôture des travaux.

Dans le rituel Amiable de 1887, une Chaîne d'Union courte est prescrite pour la transmission des mots de semestre.

Le plus connu des mots de passe, **Schibboleth**, prononcé en chuintant, a été adopté pour parler d'un trait linguistique qui permet de différencier des locuteurs. Le mot ne vaut que par la façon dont il est dit, son accentuation, sa sonorité. Il ne révèle pas une signification, mais un trait privilégié à la marge de la langue qui peut signaler une appartenance. **Un *schibboleth* est devenu, dans le langage courant, une phrase ou un mot qui ne peut être utilisé ou formulé correctement que par les membres d'un groupe.** Autrement dit, un *schibboleth* représente un signe de reconnaissance verbal, un mot de passe, de passage.

Avant l'écriture massorétique, 7ème siècle av. J.-C., SCHIBBOLETH fut écrit (שׁ י בּ לֶ ת) , avec un yod en avant dernière lettre, puis écrit sans le iod (שׁ בּ לֶ ת).

Dans la Bible, le mot *schibboleth* dont on trouve l'expression en Isaïe;27,12 et Psaumes;69,16. signifie tantôt «épi, céréale», «branche» tantôt «flot», «eaux profondes»

C'est aussi dans son *Dictionnaire des Hébraïsmes dans le Rite écossais Ancien et Accepté* que Michel de Saint-Gall précise: Schibboleth a une double signification: épi de blé et courant d'une rivière. De la même manière, le *Dictionnaire de la Bible* d'André-Marie Gérard donne la traduction suivante: fleuve ou épi. L'iconographie maçonnique synthétise ces définitions en représentant souvent un épi de blé au bord d'un cours d'eau.

Mais c'est dans le Livre des Juges 12,4 à 6 que schibboleth apparaît comme un mot de passe. De quoi s'agit-il? En fait il s'agit d'une guerre fratricide entre Jephté et les éphraïmites inscrite dans une épopée de guerres, de reconquêtes de territoires, de déviations cultuelles des enfants d'Israël et tout cela arbitré par leur Dieu.

En résumé: Jephté est un homme fidèle à ses serments au point de devoir sacrifier sa fille unique pour respecter une promesse faite à l'Éternel s'il était victorieux contre les Ammonites. Cette histoire est relatée en Juges, 11, 31 à 38.

Jephté est le chef de la tribu de Gad. Les Éphraïmites avaient menacé de brûler sa maison parce qu'ils prétendaient ne pas avoir été invités à combattre les Ammonites qui avaient investi son territoire[60] et contre lesquels Jephté fut vainqueur. Jephté considéra cela comme une querelle injuste car non seulement, comme il le dit «j'ai invoqué votre assistance, vous ne m'avez pas secouru contre eux» mais le sacrifice de sa fille unique en fut le tribut qu'il paya pour la victoire. Ces Éphraïmites étaient considérés comme hautains, tenaces à la faute et toujours prêts à résister aux prétentions des autres tribus. Il leur livra donc bataille.

Dans un premier temps, les Éphraïmites traversent le Jourdain d'ouest en est, et réussissent à pénétrer sur le territoire de Gad.

---

[60] Jug;10,8.

Mais, quand Jephté eut défait les Éphraïmites et prit les gués du Jourdain (probablement vers la ville de Guilgal), de nombreux fugitifs voulurent retraverser le fleuve d'est en ouest. «Quand un fuyard d'Éphraïm disait: «Laissez-moi passer», les gens de Galaad demandaient: «Es-tu éphraïmite?» S'il répondait «Non», alors ils lui disaient: «Eh bien, dis **schi**bboleth!» (שׁ בּ ל ת qui se traduit par céréale). Mais comme il prononçait **si**bboleth, ne pouvant exprimer correctement le chuintement de la première lettre de ce mot (ס בּ ל ת, qui se traduit étonnamment par souffrir), les hébreux le tuaient sur-le-champ. Il est tout aussi étonnant de trouver dans la racine hébreu de ce mot les lettres (שׁ ב) donnant l'idée de retour à un état primitif, à un lieu d'où l'on était parti et également l'idée de tout état d'éloignement de sa patrie, une déportation, une capture comme l'explique Fabre d'Olivet dans *La langue hébraïque restituée*[61]
Remarquons que c'est proche de cet endroit, les gués du Jourdain, que Jésus sera très bien accueilli par les Éphraïmites alors que, poursuivi, il est en route pour sa dernière fête des Tabernacles. Il y donnera une parabole sur l'unité des peuples inspiré par la prophétie d'Ézéchiel (Ez; 37, 16 à 28).

Schibboleth devient quelque chose qui différencie ces frères si proches; Ephraïm et Manassé, sont les deux petits-fils bénis par Jacob[62] qui se refusent le passage et même la vie parce de croyance différente: ne pas pouvoir chuinter, serait ne pas adorer Shaddaï (shaddaï qui

---

[61] Fabre d'Olivet, *La langue hébraïque restituée et le véritable sens des mots hébreux rétabli et prouvé par leur analyse*, 1ère partie, p. 380/392: <tinyurl.com/langue-hebraique-restituee>.
[62] Delphine Horvilleur:<tinyurl.com/petitsfils-de-Jacob>.

apparaît par ailleurs dans le texte de la prière, traduit des Constitutions irlandaises de Pennell (Dublin, 1730 (31): «Très Saint et Glorieux Seigneur Dieu (il s'agit du Tout Puissant, en hébreu El Shaddaï), toi, Grand Architecte du Ciel et de la Terre,...). En effet, pendant son séjour de plusieurs années en Égypte, Jéroboam (de la tribu d'Éphraïm) avait fait connaissance avec la religion du pays, et avait pu constater que l'adoration des animaux, particulièrement celle du taureau, était fort avantageuse aux rois. Pensant que ce culte pourrait lui être aussi utile, il se concerta donc avec ses conseillers pour l'introduire dans son royaume en détournant les Éphraïm de Shaddaï. On remarquera que shadaï est un mot de substitution lors de la verbalisation pour ne pas prononcer le mot imprononçable du tétragramme qui lui est écrit dans le texte.

Quant aux 42000 égorgés au cours de cette narration, leur nombre s'écrit en hébreu par 3 lettres «mem beth suivi de Aleph final» qui marque les milliers. Or, symboliquement Aleph désigne le Principe et quarante-deux, avec les lettres beth et mem, introduit le mot hébreu «bama» ce lieu consacré au culte des idoles auxquelles ont cédé les Éphraïmites. Il faut entendre, par cette référence, que ceux qui prononcent SIB... sont jugés selon les normes applicables aux idolâtres, ils sont massacrés. La séparation était radicale pour le moins, mais que penser, en prenant à la lettre, qu'il y eut 42000 égorgés pour un simple conflit de susceptibilité entre deux tribus du même peuple d'Israël?

Alors essayons plutôt l'approche symbolique.
Dans le récit biblique, la traversée est interdite à ceux qui ne savent pas prononcer avec justesse le mot de passe. Jephté signifie «il ouvrira», «il libérera» ou «Dieu libère».

Jephté «délivre» les Galaadites de leurs ennemis; dans une vision ésotérique, il est celui qui libère l'homme du joug du matérialisme exclusif en le faisant accéder à l'autre rive, au monde spirituel, à condition qu'il prononce le juste mot, une façon de se reconnaître yavhiste.

Pris au sens symbolique, le meurtre de l'Éphraïmite au passage du fleuve est également celui de l'étranger qui est en soi-même pour, à l'occasion du changement de rive, acquérir la plénitude de son être intérieur. Cette lutte contre la mauvaise part de soi dont il faut se débarrasser trouve aussi un écho dans l'islam ésotérique soufi, où c'est le véritable sens du *Ijtihâd* (guerre contre soi-même)[63].

La forme de la lettre initiale à prononcer, le shin ש, dessine l'accueil par l'ouverture de ce qui vient d'en haut pour féconder spirituellement l'être, cette même lettre commençant aussi le nom divin *Shaddaï*. Utiliser la prononciation sifflante, c'est se servir de la lettre *Samekh* ס dont la forme montre la fermeture et l'incapacité de recevoir la spiritualité, *siboleth* signifiant «fardeau», c'est donc refuser l'adombrement.

Comme la diagonale, Schibboleth joint également. **Le bon geste et la bonne prononciation sont des codes d'appartenance.** N'oublions pas les origines irlandaise et écossaise de la Franc-maçonnerie; l'identité clanique «verbale était le propre des Scots ou des Pictes (et de toute tribu), car le sens donné au mot leur était commun et inconnu des étrangers qui en ignoraient la

---

[63] Vidéo, *Claude Hagège analyse les discours des religions dans «Les Religions, la Parole et la Violence»*: <tinyurl.com/le-veritable-ljtihad>.

prononciation et l'accent spécifique. Pour les *Ancients* (qui soutenaient Stuart), le tuilage en serait alors la réminiscence pour démontrer son appartenance, tuilage se faisant dans la prononciation spécifique au clan et par la main droite dans la bonne compréhension du psaume 137.

Dans une perspective initiatique, hermétique ou alchimique, les deux rives d'un fleuve représentent les mondes matériel et spirituel. Ils sont séparés mais forment un tout. Passer la rivière, faire l'effort d'aller de l'autre côté, signifie dans le domaine initiatique accéder au monde spirituel au péril de sa vie. C'est l'épreuve purificatrice de l'eau dont la réussite ouvre le passage vers un autre état d'être. L'épreuve de l'eau imaginalise le déluge contemporain des clichés et des paroles, qui ne permettent plus vraiment de se retrouver en soi et qui submergent l'homme de rumeurs et d'informations à l'infini, noyant l'accès au livre, à la lecture, à l'interprétation, rendant difficile l'imagination créatrice qui ouvre à ce que la philosophie nomme «transcendance».

Ce vocable de droit au passage est transmis au devenant compagnon au cours de l'augmentation de salaire. Le *verset 12,6 des Juges* nous permet de le rattacher à la colonne Yakin qui est celle du compagnon au REAA.
En effet, si on lit ce verset en hébreu, le mot «Yakin» est associé avec ce mot de passe.
La traduction du verset en français élude ce rapport puisque cela donne: «on lui disait: Prononce donc Chibboleth! Il prononçait Sibboleth, ne pouvant le dire **correctement**» Or, «correctement» s'écrit Yakin en

hébreu, comme on peut le lire en hébreu dans ce verset. Ce mot a le sens de **droit, juste, dans la rectitude**.

Selon l'évènement biblique auquel il est fait référence, **il ne s'agit pas de descendre, ni de remonter le courant, mais de traverser le cours d'eau, c'est-à-dire de franchir un passage qui n'est accordé qu'à celui qui est suffisant d'équerre dirions-nous.** En hébreu, le mot *sapha*, a un double sens de rive et de langage. Le langage c'est la langue et la parole. La langue est dans le dictionnaire, elle est sociale et collective. Mais, chacun a la possibilité individuelle de son usage qui est la parole qui doit être juste, et dans la rectitude.

«Étant un index de l'esprit, le franc-maçon ne doit prononcer rien d'autre que ce que le cœur dicte vraiment».

Le mot de passe est bien distinct du mot sacré qui synthétise chaque degré initiatique.

On pourrait alors se poser la question: Hiram voulut-il ne pas divulguer un mot de passe, un mot sacré ou toute autre chose?

En attendant la lecture du livret *Lumières vers la chambre du milieu* de la *Collection Vagabondages maçonniques* qui tentera de répondre, je vous recommande un texte du frère Rémo Boggio: *Schibboleth, La lettre shin ou le sens alchimique des hébraïsmes maçonniques*[64].

---

[64] Rémo Boggio du groupe de recherche suisse Alpina:
Schibboleth, La lettre shin ou le sens alchimique des hébraïsmes maçonniques <tinyurl.com/la-lettre-shin>.

9 LES MOTS SACRÉS

C'est le rituel qui considère certains mots comme sacrés. Délivrés en arcanes lors du passage à un nouveau degré maçonnique, ils sont demandés pour vérifier leur connaissance au degré de la tenue.

Comme au premier degré, un mot est épelé lorsqu'il est demandé au deuxième degré. Cependant, au REAA, le compagnon, contrairement à l'apprenti, commence par donner la première lettre; il a acquis suffisamment de connaissance pour initier le vocable, mais il a encore besoin du maître qui lui indique le chemin en lui donnant la lettre suivante du nom de la colonne où il reçoit son salaire[65].

Au RER, RF le mot sacré est Boaz, au REAA Jakin, au ROS le mot sacré est la réunion des noms des deux colonnes du Temple de Salomon. Pour Jean-marie Ragon, le mot sacré Jakin est pentagrammique; Boaz tétragrammique. Telle est sans doute la raison, écrit-il, pour laquelle le rite écossais adopta un ordre qui est inverse dans le rite français. Il s'est attaché à la lettre, tandis que le rite moderne, plus rationnel s'est attaché au sens des deux mots (Jakin signifiant initiation, préparation, commencement).

---

[65] Voir le chapitre suivant *Je ne sais ni lire ni écrire*

Au deuxième degré, quelles que soient les positions des deux colonnes Jakin et Boaz (où apprentis et compagnons reçoivent leur salaire) qui varient selon le rite, l'ensemble de leurs significations est transmis en totalité au compagnon.

Contrairement aux mots sacrés des deux premiers degrés, le mot sacré des Maîtres ne s'épèle pas. Faudrait-il y voir le signe d'un accomplissement, de l'atteinte d'un degré?

Le mot sacré est un mot de substitution comme il fut convenu que ceux qui ne trouvaient pas le véritable secret lui-même, la première chose qu'ils découvriraient leur tiendrait lieu de secret. Il est prononcé après le relèvement de Noé, selon le Manuscrit Graham, d'Hiram à partir de 1730. Le Graham conclut son récit en disant que ces trois fils de Noé s'accordèrent pour donner «un nom qui est encore connu de la franc-maçonnerie de nos jours». Ce mot forgé par les trois fils de Noé d'après leurs trois paroles distinctes (*Marow in this bone; dry bone; it stinks*) est le mot de maître primitif.

Par la suite, on peut distinguer trois familles de mots de maître:

~   la famille du prototype «Mahabyn» avec ses dérivés (Matchpin (1711), Maughbin, Magboe (1725), témoin de l'antique système trigradal tel que le note Harry Carr dans *The Free Mason at Work*. Il est intéressant de noter que dès 1700, on trouve dans le *Sloane 3329*[66] des révélations de l'existence du grade de maître et du mot sacré: «Ils ont un autre mot qu'ils appellent le mot de maître, et c'est Mahabyn, qu'ils

____

[66] Le sloane: <tinyurl.com/le-sloane>.

divisent toujours en deux mots. Ils se tiennent debout l'un contre l'autre, poitrine contre poitrine, les chevilles droites se touchant par l'intérieur, en se serrant mutuellement la main droite par la poignée de main de maître, l'extrémité des doigts de la main gauche pressant fortement les vertèbres cervicales de l'autre; ils restent dans cette position le temps de se murmurer à l'oreille l'un Maha et l'autre, en réponse, Byn»[67].

~ la famille du prototype «Machbenah» et de son corollaire abrégé «M.B». avec ses dérivés (Makbenak, Makbenark, Macbenac, Mackbenak, Macbenack, Makbenah מַכְבְּנָה ou מְכְבְּנָא), adopté par les «Moderns» à partir du moment où ils optèrent pour un système trigradal. Prichard, dans le catéchisme correspondant au grade de Maître de *Masonry Dissected* (1730) rapporte: «Il chuchote à l'oreille et, soutenu par les Cinq Points du Compagnonnage, ci-dessus indiqué, dit Machbenah, ce qui signifie Le Bâtisseur est frappé (*The Builder is smitten*)». Si «mac» peut se traduire par fils de, «benac» c'est aussi une veuve, c'est-à-dire une femme réduite et amputée d'une partie d'elle-même. (Daniel Ligou, *Dictionnaire de la Franc-maçonnerie*, 1987, PUF) donc fils de la veuve.

~ la famille du prototype «Mahhabone» et ses dérivés (Moabon, Mahaboneh, Mohabon), à partir de la création de la Grande Loge des «Ancients». C'est pour la 1ère fois, dans la divulgation *Les trois coups distincts* de 1760, présenté comme la première publication du rituel des Ancients, que ce mot apparaît ainsi que la légende d'Hiram telle qu'elle est encore retenue aujourd'hui. Mahabone y est écrit בן מה, *ma ben*, qu'est-ce le fils? Mais ben בן c'est aussi le synonyme de «l'homme» איש, ce qui

---

[67] <reunir.free.fr/fm/oldcharges/sloane>.

donne: qu'est-ce que l'homme? Rejoignant l'énigme ontologique du Sphinx.

Sloane 3339	<= 1700	MAHABYN
Trinity College, Dublin	<= 1711	MATCHPIN
Mason's Examination	1723	MAUGHBIN
The whole Institution of free-masons opened	1725	MAGBOE
Graham	1726	MARROW IN THE BONE
Masonry Dissected (Pritchard)	1730	MACHBENAH
La Réception Mystérieuse	1738	MACHBENAH
Le Sceau Rompu	1745	MACBENAC
L'Ordre des Francs-maçons trahi	1745	MACBENAC, MACHENAC, MAK-BENAK
Anti-maçon	1748	MAKBENArK
Maçon démasqué	1751	MACBENAC
Master key to free-masonry	1760	MAKBENAK
Three Distinct Knocks	1760	MAHHABONE, מהבן, *rotten to the bone*
Jachin et Boaz	1762	MAHHABONE, MAC BENACK
Grasse-Tilly	1813	MOABON et MAK-BENAK
Le Tuileur de Vuillaume	1830	MOABON, מואבן (*a patre*) et MAK-BENAH, בהנך- מק (*Aedificantis putrido, Filius putrificationis*)
Convent de Lausanne	1876	MA HABONEH

Exprimé en hébreu, les différents mots sacrés du maître recouvrent, suivant les rituels, des significations proches:

«da chair quitte les os», «pourri jusqu'à la moelle» ou «fils de la putréfaction».

On sait, par la pratique du rituel maçonnique, que le Maître fut ressuscité par le relèvement et plus particulièrement par le mot sacré du maître. Dans les rituels de mort et de résurrection, pratiqués par la plupart des peuples, le mot sacré est prononcé et seulement alors le Maître est proclamé ressuscité; c'est ainsi que le franc-maçon devient, par le fait de l'entendement du mot sacré de maître, le successeur d'Hiram

«Ce mot prononcé est le *Solve* alchimique, le souffle qui va vers le corps, qui spiritualise puis qui va vers l'esprit. Au RF, il s'agit de *Mac Benach*. Ces mots relèvent d'une pratique assez ancienne puisqu'il figure déjà dans un rituel de 1770. De nombreuses interprétations ont été avancées, notamment au XVIIIe siècle par Thomas Paine qui y voit une origine druidique par l'usage de termes celtiques qui voudraient dire «fils (mac) de la Veuve (Benac)».

D'autre part, le mot représenté par ses initiales M et B, serait d'origine irlandaise.

Une autre interprétation fait dériver M et B des mots hébreux *makhah* et *boneh*, dont le sens est «un architecte a été tué». Cependant, on note que *Beneh* signifie «engendrer» et *Maq* «putréfaction»; il s'agit de revenir d'entre les morts et, en termes alchimiques, cela se rapporte au fait de naître de la putréfaction comme le désigne une partie du Grand Œuvre.

Compléter avec l'article *Nouvelle approche Historique et Symbolique du Mot de Maître*:[68]

C'est bien le relèvement du corps qui porte libération et le mot, le souffle qui apporte la vie, qui libère le prisonnier. Dans tous les cas, le cinquième point du relèvement s'effectue bouche contre bouche. On comprend bien, d'ailleurs, que la passation du souffle de la parole créatrice, représentée symboliquement par le mot sacré, ne saurait s'effectuer autrement puisque c'est par la bouche que s'exprime la pensée humaine. Les paroles sont celles indiquées par le rituel ou par les mots de l'Éxode: «Tu lui parleras et tu mettras les paroles dans sa bouche. Moi, je serai avec ta bouche et avec sa bouche, et je vous indiquerai ce que vous devrez faire». Les trois grades forment un cycle et le séjour d'Hiram au cœur de la terre correspond au séjour du profane au cœur du cabinet de réflexion, il naîtra de sa propre dissolution, de l'oubli de son *ego*. Cette image prend la forme d'une expression, *Mac Bénach*, étrangement ressemblant à un autre, *Makpélàh*, la grotte du Mont Moriah à Hébron, le tombeau d'Abraham.

L'interprétation la plus récente est: «le fils du maître mort» ou encore «Il vit dans le fils».

Au REAA, *mohaben* signifie «fils de la putrefaction».

À remarquer que le texte de l'ancien rituel d'initiation n'est pas connu, car non écrit, tout franc-maçon devait le savoir par cœur. Tout ce qu'on sait de positif, c'est qu'on y transmettait au moins un «mot» et un «signe» secrets. Une des rares précisions que nous ayons à ce sujet nous

---

[68] *Nouvelle approche Historique et Symbolique du Mot de Maître* <ledifice.net/7093-2.html>.

est donnée par Robert Kirk qui écrit en 1691: «Le mot de Maçon est un mystère dont je ne veux pas cacher le peu que je sais. C'est une espèce de tradition rabbinique, une sorte de commentaire sur Jakin et Boaz, les deux colonnes érigées dans le temple de Salomon, avec l'adjonction de certain signe secret transmis de main à main, au moyen duquel ils se reconnaissent et deviennent familiers entre eux».

Le mot sacré véhicule la force de vie, c'est par lui que le nouveau maître est réveillé.

Le mot du grade de maître se donne par baisers en prononçant la première syllabe à l'oreille droite et les deux dernières à l'oreille gauche. Mais il ne se donne en entier qu'en loge. Hors de la loge, on ne le donne que par les deux lettres M□ B□, l'un donne la première, l'autre la seconde[69].

Dans certains rites, il existe un mot de maître de la Loge qui est révélé au Vénérable lors d'une cérémonie de sacre, avant la cérémonie de son installation dans la loge générale[70].

---

[69] Poursuivre l'étude avec le remarquable travail de C.M. *Nouvelle approche Historique et Symbolique du Mot de Maître*: <tinyurl.com/le-mot-de-maitre>.

[70] Pierre Noël, *Une cérémonie pittooresque d'un rite qui ne l'est pas moins*: <tinyurl.com/mot-de-venerable>.

10 JE NE SAIS NI LIRE NI ÉCRIRE

On trouve cette notion de lecture-écriture dans le Coran lorsque le Prophète reçoit la révélation de l'ange Gabriel, Djabraïl, qui lui ordonne *Ikrà*, lis! Et le prophète comme l'apprenti lui répond: ***je ne sais ni lire ni écrire***.

Je ne sais ni lire ni écrire est la réponse donnée à la demande du mot sacré de l'apprenti. Cette demande se fait par attouchement de la main droite par un maître faisant, discrètement, un certain nombre de pressions sur des parties précises des doigts. Et l'apprenti de rajouter: ***je ne sais qu'épeler***.

À propos des *Trois coups distincts*, présenté comme la première publication du rituel des *Ancients*, Jean-Claude Villant écrit: On sait maintenant que la formule «Je ne **SAIS** ni lire ni écrire» en usage en France est une innovation assez tardive du REAA. Dans l'état actuel de nos connaissances, elle n'apparaît pas avant 1825-1830 et constitue une déviation à prétentions scolaires, moralisantes et sociales comme la Maçonnerie allait se mettre à en véhiculer dans la suite du XIXe siècle. La question n'était pas de savoir ou de ne pas savoir lire ou écrire, mais que conformément au serment on ne devait pas écrire et que par conséquent on ne devait pas avoir à lire les «secrets» des Maçons. La formule du Rite

Français, «Je ne **DOIS** ni lire ni écrire» est en cela conforme aux sources rituelles du XVIIIe siècle et à la logique, même si on usait d'aide-mémoire écrits. Les rituels écrits étaient interdits par la Grande Loge Unie d'Angleterre. Ce savoir était transmis par démonstration sans prendre de note devant les officiers, à charge pour eux de le retransmettre aux frères de leur loge. Dès le XIXe siècle, deux loges d'instruction, *Stability Lodge* et *Emulation Lodge of improuvement*, vont faire apparaître très vite des détails, des workings (un style, une façon de faire, *stability working* et *emulation working*), des variantes croissantes car la transmission ne reposait que sur la mémoire.

En 1812, un des premiers manuscrits du R.E.A.A., le premier en tout cas à nous fournir une formule introductive du mot d'apprenti, reprenait implicitement cette notion de devoir. À celui qui demandait le mot, l'interrogé répondait: «Je ne l'ai pas appris ainsi. Dites-moi la première lettre, je vous dirai la seconde» Tout cela révèle à chaque fois un piège: il ne suffisait pas de connaître les mots, encore fallait-il les donner selon la manière en rapport avec le serment et ses interdits.

Je ne sais ni lire ni écrire, je ne sais qu'épeler n'est pas seulement un aveu d'ignorance ou de savoir parcellaire (le néophyte connaît les lettres mais ignore la prononciation), c'est aussi l'amorce d'une méthode d'enseignement, d'un questionnement réciproque, d'une quête. C'est la méthode initiatique: distinguer ce qui est épars pour réunir ensuite démembrer pour reconstituer. Décomposer le sens en significations aussi nombreuses que possible, puis, ensuite, reconstituer le sens. Pas à pas, lettre à lettre, l'apprenti fait le chemin vers son point central, recevant de la périphérie, entamant son introspection. Mais à chaque lettre donnée par le maître, à chaque parcelle de lumière reçue, l'apprenti répond par une autre lettre, exprimant ainsi que le maître reçoit également de l'apprenti qui n'est autre que son miroir. C'est une dialectique du donner et recevoir.

Progressivement, par cet échange, l'apprenti se voit dévoiler la lettre, pour en découvrir l'esprit, pour y imprimer son esprit. Au-delà du sens du mot épelé, il y a le désir de ce mot. Chaque frère ou sœur apporte à l'apprenti les éléments de progression nécessaires à la poursuite de son chemin, ne lui donnant la lettre suivante que lorsque la précédente est assimilée; dans un ordre initiatique et progressif! Le symbole est langage de l'insaisissable, il offre la liberté de penser par soi-même, de se penser soi-même, de découvrir sa nature intime.

Lire lettre après lettre, c'est comprendre la constitution des choses selon leur essence, c'est saisir le balbutiement du langage qui se crée, qui éclot à la lumière du monde. Lire les mots, c'est s'enfermer dans la totalité, sans avoir parcouru le chemin difficile de l'assemblage d'une lettre à l'autre, sans comprendre le cheminement secret du passage de l'une à l'autre, de la création du sens qui s'ajoute à chaque lettre dans sa relation aux autres, dans son articulation, autrement dit dans son symbolisme. Alors, quand les lettres réunies font renaître le mot, c'est par la compréhension et la réunion de la totalité de son être morcelé corps, esprit, âme, que peut renaître l'apprenti, il apprend à rassembler ce qui est épars. Chaque lettre est le lieu de l'être en potentiel[71].

---

[71] Vidéo avec Claude Hagège, *Parler ou communiquer*: <tinyurl.com/parler-ou-communiquer>.

Il est expliqué au RER: «Ce faisant, l'apprenti ne prononce que les consonnes du mot [en hébreu, il n'y a que des consonnes], le Vénérable, lui, prononce toutes les voyelles [la cantillation]. Or les consonnes sont l'ossature d'un mot, son squelette, sans lequel le mot n'existerait pas; les voyelles, elles, sont le Souffle divin (le rouah de la religion juive) sans lequel les consonnes seraient simplement imprononçables».

Écrire c'est d'abord atteindre certains stades ou niveaux supérieurs du raisonnement, comme faire la synthèse, l'analyse, la création, tout en décryptant les relations qui existent entre les éléments offrant au monde sa structure. C'est ce travail de transmission et de réception, d'élaboration intérieure puis de don au frère ou à la sœur qui en a besoin, au moment où il en a besoin, qui fait que la tradition est vivante.
Cette notion est toutefois une déformation historique du processus rituel de reconnaissance des Anglo-saxons, qui n'a aucune valeur symbolique en soi, mais constitue un rappel de la prudence vis-à-vis de la divulgation de pratiques d'anciens secrets regardés comme tels «Donnez-moi ce mot. – Ce n'est pas ainsi que je l'ai reçu, ce n'est pas ainsi que je le donnerai. – Comme il vous plaira. Donnez-moi la première lettre et je vous donnerai la seconde. – C'est vous l'interrogateur; c'est à vous de commencer. – B. – O…»

La portée symbolique de la fonction d'épeler «nous oblige à retracer le chemin parcouru par la lumière ontologique jusqu'à nous»[72].

Rappelons que le prononcé d'un nom est une vibration, que ce qui ne peut être qu'épelé est une protection envers le nom prononcé en entier, qu'il faut un guide et un lieu pour parvenir à évoquer les noms de Dieu tels qu'ils apparaissent dans la Bible. Le Tétragramme (יהוה) en particulier; prononcer Son Nom en vain était un crime passible de la peine capitale dans la loi juive.

Les lettres séparées n'ont pas de grammaire, c'est dire que l'apprenti ne connaît pas encore cet art libéral dont la connaissance fera l'objet du degré suivant.

---

[72] À compléter par la lecture d'un texte très pertinent: *Ce qu'épeler veut dire*: <tinyurl.com/ce-qu-epeler-veut-dire>.

11 LA PAROLE PERDUE

Toutes les traditions parlent d'un âge heureux où les êtres pensants, dans la paix et dans l'innocence, vivaient dans le sein de la vérité. Dans cet âge, dont nul voile ne couvrait la réalité, une parole universelle pénétrait uniformément tous les degrés de l'intelligence. La quête souvent évoquée de la Parole perdue est celle de la révélation première. Le symbolisme de la langue primordiale en est un autre synonyme. Selon la tradition musulmane, il s'agit de la langue syriaque, ou solaire, expression transparente de la lumière reçue dans le centre spirituel primordial. Il est significatif que la langue paradisiaque ait été comprise des animaux. L'introduction chamanique au langage des animaux est, à l'inverse, un symbole du retour à l'état édénique. Plus précisément encore, cette langue est parfois celle des oiseaux. Or, la langue des oiseaux est une langue céleste ou angélique, symboliquement analogue à la langue syriaque, et qui ne peut être perçue que par l'atteinte de certains états spirituels».

Les mystères des sociétés initiatiques de l'Antiquité perpétuaient les premières traditions du genre humain et les nouveaux acquis des corps savants pour élever, au-dessus de leurs semblables, des initiés jugés aptes à en faire un usage utile pour tous. Cet enseignement leur était donné de bouche à oreille après avoir pris l'engagement, par un serment menaçant, de ne le transmettre à d'autres initiés que sous les mêmes formes et conditions. Il est raconté qu'ils étaient possesseurs de secrets scientifiques redoutables et bienfaisants dont leur haute morale imposait le respect. Cependant, détournés de leur action bénéfique, ces secrets étaient susceptibles d'être transformés dans un but malfaisant. Des initiés s'éteignirent, emportant dans la mort les secrets qui leur avaient été confiés; les initiations furent interrompues. Ainsi, les secrets des rites initiatiques pour l'intromission des pharaons, véritables mystères de la lignée royale d'Égypte, furent définitivement perdus à la mort du roi Sekenenrê Taâ qui mourut sans les avoir dévoilés à son ennemi qui voulait les lui arracher.

La plupart des hiéroglyphes égyptiens, nous conte le rituel de Misraïm des travaux de maître de 1820, présente des êtres animés formés quelquefois de parties appartenant à des êtres peu ressemblants par leurs formes extérieures et par leur inclinations; les combinaisons numériques et géométriques dans leur résultat étaient hiéroglyphique; les nombres 3, 4, 7, 9, et le générateur Un étaient des emblèmes respectés. Cette Tradition secrète fut transmise par les sages de la Chaldée aux égyptiens, puis à Moïse jusqu'à Salomon. À la suite d'une indiscrétion, il fut convenu que les anciens hiéroglyphes seraient remplacés par des figures d'instruments propres à la construction matérielle.
.

Le secret est dit «royal» par son origine divine transitant par celui qui dans les trois ordres initiatiques a la responsabilité d'aménager l'espace: le roi. C'est donc la version traditionnelle du Roi-bâtisseur qui détient le royal secret suite à l'enseignement reçu de son prédécesseur et relié au divin par le sacre diligenté par l'église et par la couronne. David détenait par la remise de plans que lui fit l'Éternel, le secret initiant la construction du Temple maison du divin, mais c'est Salomon héritant des plans qui le construisit en déléguant une partie de l'œuvre et du chantier à Hiram. À sa mort allégorique le secret fut perdu.

La destruction de la bibliothèque d'Alexandrie, créée par Ptolémée Soter quatre siècles avant notre ère (dont les six cent mille volumes furent anéantis en trois incendies consécutifs), les autodafés de l'Inquisition et des tyrans sont des paroles perdues de la science et de l'histoire. Les hautes connaissances philosophiques, morales ou scientifiques transmises oralement ou enregistrées par l'écriture dont les manuscrits furent détruits sont tout autant une parole perdue.

La vérité socratique, pour perdue qu'elle soit, peut être retrouvée. Selon la thèse de Platon (faisant parler Socrate), l'homme a connu la vérité avant son incarnation dans le monde sensible, quand l'âme n'était pas encore prisonnière du corps, quand il était dans le monde des Idées. Le travail de remémoration, l'anamnèse est la recherche d'une vérité déjà connue en dépassant le sensible pour accéder à l'intelligence de l'idée (vraie) qui fut perdue et oubliée. Ce retour vers la re-connaissance est illustré par la sortie de la caverne. Cette structure ternaire de la théorie de Platon, (connaissance - oubli ou chute - re-connaissance ou re-naissance ou résurrection) a fondé une postérité métaphysique qui perdure, tout particulièrement dans la pensée chrétienne mais aussi dans l'allégorie de la parole perdue du Maître.

Pour le kabbaliste Isaac Louria et son disciple Hayyim Vital, le péché d'Israël c'était «l'oubli progressif de la tradition ésotérique». Pour René Guénon: «Il n'y a plus guère, dans le monde occidental, comme organisations initiatiques pouvant revendiquer une filiation authentique que le compagnonnage et la Franc-maçonnerie, deux initiations artisanales. Les autres initiations, sacerdotales, royales, hermétiques, alchimiques et chevaleresques, ont complètement disparu ou sont confinées dans des milieux si secrets ou restreints qu'elles sont quasi inaccessibles en dehors de ce qui a survécu dans la Franc-maçonnerie».

La parole perdue serait le substrat de la sagesse originelle. La Franc-Maçonnerie en a conservé le souvenir, mais d'une manière subtile et ses membres espèrent, d'une initiation à l'autre, pouvoir remonter à la sagesse fondamentale qui est censée leur être dévoilée à l'issue de leur ultime initiation.

Le mot sacré des Hébreux, YHVH, trouve quelque similitude entre les Mystères égyptiens où c'est l'organe générateur qui se perd et un substitut en est fait, et la Franc-Maçonnerie où c'est le mot qui se perd et un substitut qui est donné à sa place.

En vérité, ce n'est que l'expression de la parole qui est perdue. Comme la vérité platonicienne, elle est toujours dans le monde des idées, sa recherche est une quête en tant que parole cachée. C'est, dans les pierres, les peintures, les parchemins ou les alphabets et les langages, dans leur sauvegarde, sous ce camouflage, que des enseignements ésotériques ont été ainsi transmis à travers le temps.

L'expression «Parole Perdue» apparaît pour la première fois dans le Rituel d'Initiation au 4 ° degré du REAA. On notera qu'elle n'est jamais employée seule et qu'elle accompagne les mots vérité et lumière: lorsque le néophyte revient en loge sous le bandeau pour confirmer son serment, il est ainsi présenté: «Vénérable Maître, c'est le néophyte accompagné du frère expert, qui cherche la Vérité et la Lumière». Ou encore:«- Que cherchiez-vous dans vos voyages? - La Vérité et la Parole Perdue» Le rituel explique: «nous déplorons aussi la perte de la vraie parole dont nous sommes maintenant privés ... Vous avez encore bien des degrés à gravir avant d'approcher la Vraie Lumière et de découvrir la Parole connue des seuls initiés». La parole perdue y est donc présentée comme accessible.

La quête souvent évoquée de la Parole perdue est celle de la révélation première. Le symbolisme de la langue primordiale en est un autre synonyme. Selon la tradition musulmane, il s'agit de la langue syriaque, ou solaire, expression transparente de la lumière reçue dans le centre spirituel primordial. Il est significatif que la langue paradisiaque ait été comprise des animaux. L'introduction chamanique au langage des animaux est un symbole du retour à l'état édénique. Plus précisément encore, cette langue est parfois celle des oiseaux. Or, la langue des oiseaux est une langue céleste ou angélique, symboliquement analogue à la langue syriaque, et qui ne peut être perçue que par l'atteinte de certains états spirituels».

Les mystères des sociétés initiatiques de l'Antiquité perpétuaient les premières traditions du genre humain et les nouveaux acquis des corps savants pour élever, au-dessus de leurs semblables, des initiés jugés aptes à en faire un usage utile pour tous. Cet enseignement leur était donné de bouche à oreille après avoir pris l'engagement, par un serment menaçant, de ne le transmettre à d'autres initiés que sous les mêmes formes et conditions. Il est raconté qu'ils étaient possesseurs de secrets scientifiques redoutables et bienfaisants dont leur haute morale imposait le respect. Des initiés s'éteignirent, emportant dans la mort les secrets qui leur avaient été confiés; les initiations furent interrompues. Ainsi, les secrets des rites initiatiques pour l'intromission des pharaons, véritables mystères de la lignée royale d'Égypte, furent définitivement perdus à la mort du roi Sekenenrê Taâ qui mourut sans les avoir dévoilés à son ennemi qui voulait les lui arracher.

Le secret est dit «royal» par son origine divine transitant par le roi, celui qui dans les trois ordres initiatiques a la responsabilité d'aménager l'espace; c'est le Roi-bâtisseur qui détient le secret suite à l'enseignement reçu de son prédécesseur, il est relié au divin par son sacre. Par la remise de plans que lui fit l'Éternel, David aurait détenu le secret initiant la construction du Temple maison du divin, mais c'est Salomon héritant des plans qui le construisit en déléguant une partie de l'œuvre et du chantier à Hiram. À sa mort allégorique le secret fut perdu.

La destruction de la bibliothèque d'Alexandrie, créée par Ptolémée Soter quatre siècles avant notre ère (dont les six cent mille volumes furent anéantis en trois incendies consécutifs), les autodafés de l'Inquisition et des tyrans sont des paroles perdues de la science et de l'histoire. Les hautes connaissances philosophiques, morales ou scientifiques transmises oralement ou enregistrées par l'écriture furent détruites, elles sont tout autant une parole perdue.

Selon la thèse de Platon (faisant parler Socrate), l'homme a connu la vérité avant son incarnation dans le monde sensible, quand l'âme n'était pas encore prisonnière du corps, quand il était dans le monde des Idées. Le travail de remémoration, l'anamnèse est la recherche d'une vérité déjà connue en dépassant le sensible pour accéder à l'intelligence de l'idée (vraie) qui fut perdue et oubliée. Ce retour vers la re-connaissance est illustré par la sortie de la caverne. Cette structure ternaire de la théorie de Platon, (connaissance - oubli ou chute - re-connaissance ou re-naissance ou résurrection) a fondé une postérité métaphysique qui perdure, tout particulièrement dans la pensée chrétienne mais aussi dans l'allégorie de la parole perdue du Maître.

La Parole, avec son mythe qui l'accompagne d'une perte, d'un substitut et d'un rétablissement, devient un symbole du progrès personnel d'un candidat de sa première initiation à la fin de son cours, quand il reçoit un plein développement des mystères.

Que peut-être la parole perdue?

Un homme meurt, refusant de livrer un banal mot de passe pour se faire payer, connu de tous les maîtres, et un secret dont il était détenteur, par ailleurs, disparaît. Le secret n'est donc pas le mot de passe. Alors, est-ce un savoir que lui seul possède? Est-ce une partie d'un mot à prononcer avec d'autres pour qu'il soit complet et efficient? La parole d'Hiram serait-elle autre chose que celle d'un seul homme? Que peut-être cette parole pour le franc-maçon d'aujourd'hui? N'oublions pas que le mot Hiram porte en lui-même des mystères et parmi ses nombreuses traductions de l'hébreu, il peut aussi être lu comme *HaReM* qui désigne la *chose cachée*.

Un savoir personnel? Quel serait ce savoir?

~   Au Rite York, à la mort d'Hiram, il est dit: «Il n'y a pas de plans sur la planche à tracer pour permettre aux ouvriers de poursuivre leur travail, et le G∴ M∴ H∴ A∴ a disparu». Sur la planche, le maître d'œuvre modifie le plan selon lequel la construction du Temple devra s'effectuer. Cette planche sert en permanence de point de repère pour l'ouvrage qui va être réalisé au fur à mesure de l'avancée des travaux. Lorsque l'ouvrage est terminé, il doit se superposer exactement au tracé qui est sur la planche. La conception théologique de l'art de la construction peut se résumer en une recherche de médiété parfaite entre la beauté pure qui n'appartient qu'à Dieu et le miroir que doit lui offrir, par son œuvre, l'architecte afin qu'elle se révèle aux yeux des hommes. Il s'agissait d'œuvrer sur la matière pour la laisser être pénétrée par l'énergie universelle afin que cette harmonie soit transmise aux hommes. Concrètement, ce qui fut perdu serait-ce cette **capacité architecturale de concevoir l'édifice** et de terminer l'œuvre?

~   Mais allons plus loin. Hiram, a été envoyé par le roi de Tyr à Salomon pour ses savoirs aussi particuliers que ceux que possédait Betsaléel, le constructeur de l'Arche d'alliance du désert: il était habile pour les ouvrages en or, en argent, en airain et en fer, en pierre et en bois, en étoffes teintes en pourpre et en bleu, en étoffes de byssus et de carmin, et pour toute espèce de sculptures et d'objets d'art qu'on lui donne à exécuter (II Chroniques, 2, 13 et 14).

~   C'est grâce à 3 vertus que le premier temple fut construit par Betsaléel car il est écrit en Exode 31,3: «Je [dieu] l'ai rempli de l'esprit d'Élohim en sagesse, en intelligence et en savoir», vertus que l'on retrouve en Hiram dans I Roi 7, 14 «rempli de sagesse, d'intelligence et de savoir».

~   Les trois vertus, concepts, attributs divins, types de forces, niveaux de conscience, des processus à l'œuvre dans des structures vivantes, les 3 séphiroth retenues sont: Hokhmah, la sagesse, (heith, kaph, mem, hé, soit 8+20+40+5=67); Tébouna, alias Binah, l'intelligence (tav, beith, vav, noun, hé, soit 400+2+6+50+5=463); Daath, le savoir, la connaissance (daleth, eïn, tav,soit 4+70+400=474). En additionnant ces vertus on obtient 67+463+474=1004, soit en valeur réduite 5, la même que celle de l'addition de la présence divine (shekhina, שכינה, 300+20+10+50+5=385) et du Temple sacré, le mishkan, (משכן, 40+300+20+700=1060) qui égale 385+1060=1445, en valeur réduite 5. **Hokhmah,**   la sagesse; **Tébouna (**alias Binah), l'intelligence; **Daath**, le savoir, la connaissance.

~ La somme de leurs valeurs guématriques, après réduction, est équivalente à ce qui relie les 2 colonnes Yakin et Boaz qu'Hiram a fondues. **La parole perdue serait-elle l'esprit d'Élohim, cette capacité de création,** comme celle du Maharal de Prague avec son Golem, dont aurait été doté Hiram?

~ La connaissance des pouvoirs d'un animal fabuleux, le shamir?

~ Le partage de la Connaissance?

~ Et si la «parole» était un ensemble d'éléments répartis entre plusieurs détenteurs dont la méconnaissance d'un seul entraînerait l'inefficacité du tout? Un morceau de code en somme, un morceau de symbole!

~ Dans la légende, de fait, trois personnes forment un triangle: Salomon, le roi de Tyr et Hiram, les trois grands maîtres, chacun assigné à un rôle particulier et indispensable dans la construction du Temple. La légende dit que le Roi *Salomon*, *Hiram Abif*, Roi de Tyr (1 Rois: 7:13), et *Hiram Abi* de la tribu de Dan (2 Chr.: 2:13) se sont réunis pour concevoir les plans de la construction du Temple; Salomon conçut, Hiram de Tyr fournit les moyens et Hiram réalisa l'œuvre. Nous apprenons que le grand savoir devait être gardé par ces trois personnes jusqu'au parachèvement du Temple. La parole leur aurait-elle été confiée en trois parties. Chaque membre du ternaire serait détenteur du mot sacré ou d'une fraction de celui-ci. Il fallait le concours des «trois premiers Grands-Maîtres», de sorte que l'absence ou la disparition d'un seul d'entre eux rendait cette communication impossible, et cela aussi nécessairement qu'il faut trois côtés pour former un triangle. Cela veut dire que chaque membre du triangle constitue la pointe d'une figure doté d'un centre commun. Ce centre, c'est le point de concordance des trois sensibilités magique, spirituelle et rationnelle qu'ils incarnent. Ce centre est donc l'essence de l'homme et de la nature c'est-à-dire l'essence de la vie qui se traduit concrètement en force de vie ou élan vital.

~   Comment se fait-il que, sachant que la parole ne pouvait être que par la réunion du 3 (le roi Salomon, le roi de Tyr et Hiram), comment se fait-il qu'aucun d'entre eux n'ait pensé à transmettre sa propre connaissance à un disciple pour que la chaîne ne se brise pas en cas de disparition? Était-ce se croire immortel?

Une connaissance primordiale?

Toutes les traditions parlent d'un âge heureux où les êtres pensants, dans la paix et dans l'innocence, vivaient dans le sein de la vérité. Dans cet âge, dont nul voile ne couvrait la réalité, une parole universelle pénétrait uniformément tous les degrés de l'intelligence. La quête souvent évoquée de la Parole perdue est celle de la révélation première. Le symbolisme de la langue primordiale en est un autre synonyme. Selon la tradition musulmane, il s'agit de la langue syriaque, ou solaire, expression transparente de la lumière reçue dans le centre spirituel primordial. Il est significatif que la langue paradisiaque ait été comprise des animaux.
L'introduction chamanique au langage des animaux est, à l'inverse, un symbole du retour à l'état édénique. Plus précisément encore, cette langue est parfois celle des

oiseaux. Or, la langue des oiseaux est une langue céleste ou angélique, symboliquement analogue à la langue syriaque, et qui ne peut être perçue que par l'atteinte de certains états spirituels».

Une prononciation «agissante»?

Les exégètes des rituels assimilent la **prononciation du Tétragramme** à la «parole perdue».
Elle devait être trisyllabique. La syllabe est l'élément réellement indécomposable de la parole prononcée, même si elle s'écrit naturellement en quatre lettres. En effet, quatre (4) se rapporte ici à l'aspect «substantiel» de la parole et 3 à son aspect «essentiel». Il est d'ailleurs à remarquer que le mot substitué lui-même, dans sa prononciation rituelle, sous ses différentes formes, est toujours composé de trois syllabes qui sont énoncées séparément. On trouve dans *Le vrai catéchisme des frères francs-maçons rédigé suivant le code mystérieux et approuvé de toutes les loges justes et régulières* un long développement, par questions/réponses expliquant ce que l'on entend par la parole perdue, la véritable prononciation de l'éternel et ses mots substitués.[73]

Considérant que chez les Hébreux, le grand prêtre, le *Cohen Gadol,* était seul détenteur de la prononciation *recta dictio* et totale du mot sacré qu'il vocalisait une fois par an dans le saint des saints, cela pourrait vouloir dire que **la parole ne fut pas perdue** et que si Salomon la substitua, c'est qu'il pensait que son Maître d'œuvre avait cédé à la pression de ses agresseurs en la dévoilant: il fallut donc

---

[73]À découvrir à partir de la page 52 du Rituel de Luquet: <tinyurl.com/Rituel-de-Luquet>.

changer cette parole. C'est ce que laisse aussi entendre le rituel Misraïm: *le roi Salomon qui craignait que le maître dans les douleurs de l'agonie et espérant se soustraire à la mort n'eût laissé échapper les mots et les signes de la maîtrise…*

Selon la tradition cabalistique, le mode approprié de vocalisation ou de prononciation du nom divin était un secret bien gardé réservé au Saint des Saints dans l'enceinte du temple de Jérusalem. À cause du second siège de Jérusalem par Nabuchodonosor en 586 av J.-C. (qui s'acheva par la destruction du Temple de Salomon et le début de ce que l'on a appelé «la captivité à Babylone des Juifs» qui devait durer jusqu'en 538 av J.-C.), le grand prêtre n'eut plus l'occasion de prononcer le nom de Dieu. Ainsi, la prononciation correcte du Nom Saint tomba dans l'oubli. Par la suite, au nom «Adonai» se substitua celui de «Jehovah» dans la lecture de la Loi et ce nom fut écrit avec les points-voyelles de l'ancien nom[74]. Dans ce même registre, on remarquera que lors de la destruction du Temple de Jérusalem et de la dispersion du peuple juif, la véritable prononciation du Nom tétragrammatique fut perdue; il y eut bien un nom substitué, celui d'Adonaï, mais il ne fut jamais regardé comme l'équivalent réel de celui qu'on ne savait plus prononcer. En effet, la transmission régulière de la prononciation exacte du principal nom divin, désigné comme *ha-Shem* ou le Nom par excellence, était essentiellement liée à la continuation du sacerdoce dont les fonctions ne pouvaient s'exercer que dans le seul

---

[74] Henrik Bogdan, *L'influence cabalistique sur l'élaboration du grade de Maitre en Franc-maçonnerie*, Cahiers du Gremme n°1: <tinyurl.com/influence-kabbalistique>.

Temple de Jérusalem; **serait-ce le centre spirituel de la tradition qui fut perdu?**

Le degré de Royal Arche raconte: avec une recherche systématique ils ont trouvé, près de l'endroit où ils ont trouvé le grand triangle, un morceau de marbre sur laquelle étaient gravés certains hiéroglyphes dont ils ont pris la possession et qu'ils ont porté à Salomon. Salomon a envoyé quelques prêtres instruits qui ont déchiffré ces caractères et ils ont vérifiés qu'il s'agissait des ruines du temple d'Énoch, construction d'avant l'inondation du déluge qui avait balayé tout sauf ces neuf voûtes. Selon la légende, le haut prêtre a examiné les caractères du socle d'or et les a trouvés pour être le nom inexprimable de Dieu. Les Hiéroglyphes représentent la manière de prononcer le nom du plus haut, et ils ont été composés par Énoch, en souvenance du temps où il avait reçu l'initiation de certains secrets de la signification des trois lettres mystiques. Ce nom a été perdu et maintenant retrouvé. Alors le haut prêtre leur a expliqué que la promesse de Dieu à Noah, à Moïse et à David, de révéler le nom de dieu sur un socle d'or avait été accomplie. Mais qu'il était interdit de l'écrire, qu'il était seulement permis de le marquer en lettres pour leur consolation, mais qu'en aucun cas il ne fallait le prononcer et le parler. Le haut prêtre a composé un code pour crypter ce nom. Ce code était si complexe que la logique seule ne suffisait pas. Le haut prêtre a employé un système de décalage de chaque lettre selon une série de nombres successifs. Une partie de la clef au chiffre a été indiquée dans deux des trois écrits saints. Les trois écrits saints étaient travaillés par Hiram Abif qui les avait faits selon la prévision originale donnée par le haut prêtre. Les écrits saints étaient des inscriptions de roulement. Seulement le haut prêtre et son aide ont su les messages secrets qu'ils contenaient. En outre, le haut prêtre a donné l'ordre à Hiram Abif de graver cinq écrits différents. Les écrits étaient censés être insérés dans le mur du Saint des Saints (*Sanctum Sanctorium*). Le Roi Solomon aurait établi un passage secret sous la terre menant à partir de ses appartements retirés au temple d'Énoch resté divisé en neuf voûtes séparées comme avant. La neuvième voûte devait être l'endroit pour un dépôt des originaux de toutes les choses contenues en copie dans le *Sanctum Sanctorum*, comme l'arche de l'engagement, un pot de Manna, la Tige d'Aaron, le Livre de la loi, et le triangle sacré d'Énoch, qui a été enterré dans le même lieu. Le peuple utilisait alors un autre nom de dieu. Quelques étudiants juifs, désireux de connaître la nature et la prononciation du nom saint, ont conspiré et ont eu recours à la violence envers l'architecte en chef Hiram Abif pour connaitre l'endroit où le trésor est caché, les brutes l'ont frappé avec un coup sur le front, qui l'a étendu sans vie à leurs pieds. Après cet événement, le haut prêtre a fermé le passage.

Les initiateurs de la tradition maçonnique, qui connaissaient la recherche zoharique (Les anciens cabalistes chrétiens de la Renaissance soutenaient que la recherche d'un nom perdu dans la tradition du Zohar n'était rien d'autre que la recherche d'un chemin pour trouver le Christ. Un exposé intitulé *The Grand Mystery Laid Open*, publié en 1726, contenait déjà des références à la kabbale: *Have the six Spiritual Signs any Names? Yes, but are not divulged to any new admited Member, because they are Cabalistical?*), incorporèrent le thème de la recherche d'une chose perdue (dans le cas présent, le Mot du Maître) pour représenter la recherche du Christ. Pour

Arthur Edward Waite (cf. *Verbum Christus Est*), le Mot de Maître perdu est «Christ». Selon la tradition cabalistique chrétienne, le nom de Dieu cache le nom secret de Jésus. En incluant le caractère hébreu ש (Shin qui, par sa forme, est considéré comme faisant allusion à la Trinité) dans le nom de Dieu, Yod He Vau He, le nom de Jésus apparaît, YHSVH, Yeheshuah ou Jeheshua. Pic de la Mirandole et Johannes Reuchlin attribuaient des pouvoirs considérables au Pentagrammaton (IHSVH), qui représentait pour eux le Nom Sacré Chrétien, tout comme le Tétragrammaton (IHVH) était le nom sacré des Juifs. Ce nom contenait le pouvoir et la force sur toute chose et il était supposé permettre aux cabalistes d'accomplir des œuvres extraordinaires au-delà de la force humaine et d'exercer une domination sur la nature.

Les mystères des sociétés initiatiques de l'Antiquité perpétuaient les premières traditions du genre humain et les nouveaux acquits des corps savants pour élever, au-dessus de leurs semblables, des initiés jugés aptes à en faire un usage utile pour tous. Cet enseignement leur était donné de bouche à oreilles après avoir pris l'engagement, par un serment menaçant, de ne le transmettre à d'autres initiés que sous les mêmes formes et conditions. Il est raconté qu'ils étaient possesseurs de **secrets scientifiques redoutables et bienfaisants, dont leur haute morale imposait le respect**, mais susceptibles, étant détournés de leur action bénéfique, d'être transformés dans un but malfaisant. Les initiations furent interrompues; des initiés s'éteignirent, emportant dans la mort les secrets qui leur avaient été confiés. Les secrets des rites initiatiques pour l'intromission des pharaons, véritables mystères de la lignée royale d'Égypte, furent définitivement perdus à la mort du roi Sékenenrê Taâ qui mourut sans les avoir dévoilés à son ennemi qui voulait les lui arracher.

Dans certains cas, au lieu de la perte d'une langue, il est parlé seulement de celle d'un mot, tel qu'un nom divin par exemple, caractérisant une certaine tradition et la représentant en quelque sorte synthétiquement; et la substitution d'un nouveau nom remplaçant celui-là marquera alors **le passage d'une tradition à une autre**. Quelquefois aussi, il est fait mention de «pertes» partielles s'étant produites, à certaines époques critiques, dans le cours de l'existence d'une même forme traditionnelle: lorsqu'elles furent réparées par la substitution de quelque équivalent, elles signifient qu'une réadaptation de la tradition considérée fut alors nécessitée par les circonstances; dans le cas contraire, elles indiquent un amoindrissement plus ou moins grave de cette tradition auquel il ne peut être remédié ultérieurement[75].

La plupart des hiéroglyphes égyptiens, nous conte le rituel Misraïm des travaux de maître de 1820, présentaient des êtres animés formés quelquefois de parties appartenant à des êtres forts peu ressemblant par leurs formes extérieures et par leur inclinations; les combinaisons numériques et géométriques dans leur résultat étaient hiéroglyphique; les nombres 3, 4, 7, 9, et le générateur Un étaient des emblèmes respectés. Cette Tradition secrète fut transmise par les sages de la Chaldée aux égyptiens, puis à Moïse jusqu'à Salomon. À

---

[75] *La mort d'Hiram et la Parole perdue* de René Guénon: <tinyurl.com/hiram-et-la-parole-perdue>.

la suite d'une indiscrétion, il fut convenu que les anciens hiéroglyphes seraient remplacés par des figures d'instruments propres à la construction matérielle.

Que peut-être la parole perdue pour un franc-maçon d'aujourd'hui?

Les remarques que nous venons de faire montrent que la parole perdue serait soit un savoir, soit une prononciation, soit une connaissance spirituelle ou magique soit encore la trace du passage d'une tradition à une autre. La parole perdue du franc-maçon me paraît un peu différente. Nous ne pouvons faire l'erreur des mauvais compagnons qui croyaient que le secret du maître maçon relevait de la communication d'un savoir; notre recherche est bien différente puisqu'elle se place sur le plan de la Connaissance, celui de l'être et du spirituel, de l'immanence et de la transcendance.

Dans l'exotérisme judaïque, le mot qui est substitué au Tétragramme qu'on ne sait plus prononcer est un autre nom divin, *Adonaï*, qui est formé également de quatre lettres, mais qui est considéré comme moins essentiel; il y a là quelque chose qui implique qu'on se résigne à une perte jugée irréparable, et qu'on cherche seulement à y remédier dans la mesure où les conditions présentes le permettent encore. Dans l'initiation maçonnique, au contraire, le «mot substitué» est une question qui ouvre la possibilité de retrouver la «parole perdue», donc de restaurer l'état antérieur à cette perte (Rite émulation

V.- (au 1ᵉʳ S.) Qu'est-ce donc qui est perdu? 1ᵉʳ S . - Les véritables secrets des MM. MM.

V.- (au 2ᵉ S.) Comment se sont-ils perdus? 2° S. - Par la mort prématurée de notre M. H.A.V .

V.- (au 1ᵉʳ S.) Où espérez-vous les trouver? 1ᵉʳ S.- Au Centre

V. - (au 2ᵉ S.) qu'est-ce que le Centre? 2ᵉ S.- Un point à l'intérieur d'un cercle qui se trouve à une distance égale de toutes les parties de la circonférence.

V.- (au 1ᵉʳ S.) Pourquoi au centre? 1ᵉʳ S.- Parce que c'est le point où le M.M, ne peut faillir.

V.- Nous vous aiderons à réparer cette perte.

«L'histoire mythique de la franc-maçonnerie nous apprend qu'il existait jadis un MOT d'une valeur supérieure et revendiquant une profonde vénération; que cette Parole n'était connue que de peu; qu'il était enfin perdu; et qu'un substitut temporaire a été adopté. Mais comme la philosophie même de la maçonnerie nous enseigne qu'il ne peut y avoir de mort sans résurrection, - pas de décomposition sans restauration ultérieure, - sur le même principe, il s'ensuit que la perte de la Parole doit supposer sa récupération éventuelle».[76]

Dans sa quête initiatique l'homme recherche la parole perdue, car, retrouver cette parole, en l'occurrence le Nom incommunicable IEOVAH force active de l'Ancienne Alliance, c'est réunifier et harmoniser en soi toutes les potentialités, toutes les manifestations de tous les niveaux de l'être: physique, psychique et spirituel. C'est reconstruire, en «rassemblant ce qui est épars», l'homme total; c'est la réédification mystique du temple intérieur (le sanctuaire du Cœur) dans lequel pourra

---

[76] Mackey, *Le symbolisme de la Franc-maçonnerie, Illustrer et expliquer sa science et sa philosophie, ses légendes, mythes et symboles,* chapitre XXXI, en français: <tinyurl.com/la-parole-perdue>.

descendre (puisque devenu «vierge» par les différentes purifications) le Verbe, dont le Nom est IEOCHOUAH. (Jean-Baptiste Willermoz, *Temple et Quête Initiatique*)

Retrouver la Parole perdue, c'est se recouvrir de la puissance de l'Éternel, aller vers l'unification et l'identification entre la lumière intérieure (celle qui luit dans nos ténèbres) et la lumière universelle extérieure. Par le Nom, Dieu se révèle à l'homme.

La parole perdue met en relief la nécessité d'une nouvelle perception et d'un nouveau langage relatif à la notion d'essence et de présence au-delà de la forme.
Elle n'est pas à comprendre comme uniquement une perte dans la transmission, mais comme le commencement d'un apprentissage d'autres éléments de langages.

Il nous reste à nous interroger sur comment trouver cette parole ou comment lui en substituer une autre de même puissance?

La parole substituée

La Franc-Maçonnerie est une réflexion sur le sens d'une parole perdue, métaphorisée au plan physique par l'escamotage du corps d'Hiram, auquel se substitue tout postulant au grade de maître.

La Tradition nous assure que les hommes parlaient une seule langue sacrée avant l'édification de la Tour de Babel, cause de sa perversion et, pour le plus grand nombre, de l'oubli total de cet idiome sacré. L'histoire de la Tour de Babel laisse penser qu'il y avait un pouvoir de vérité dans une seule langue primitive caractérisée par une correspondance parfaite entre les mots et les choses. Mais la perte de cette langue et son remplacement par une multiplicité de langues vernaculaires font désormais écran à ces vérités dont l'homme se trouve coupé.

Le récit biblique fait apparaître de nombreuses paroles substituées comme les tables de la loi originelles écrites de la main de Dieu, remises à Moïse, mais qui sont détruites et remplacées par celles connues sous le nom de décalogue qui, elles, sont gravées par Moïse (Exode; 34, 27 et 28).
Il existe une analogie frappante entre le fait de substituer, dans la tradition hébraïque, au tétragramme imprononçable YHVH les noms d'Adonaï, ou d'Élohim, ou de l'évoquer par le vocable Hachem (le Nom) et le fait de substituer, dans la tradition maçonnique, à l'ancien mot YHVH, le mot sacré dont les initiales sont M et B.

Comment une parole prononcée pourrait-elle remplacer l'imprononçable si ce n'est qu'en la considérant comme un symbole qui continuera à hanter énigmatiquement son sens à chercher.

Un autre mot substitué, en français, donne lieu à l'exclamation du mot d'horreur, lors de la découverte du corps, que certains traduisent par: ah! Seigneur mon Dieu! Au Rite York, il est dit que lorsque le signe de détresse ne peut être fait, il est possible de lui substituer une parole appelant à l'aide: «Oh! Seigneur mon Dieu, n'y a-t-il- pas d'aide pour le fils de la veuve?» Le signe et les mots ne doivent jamais être donnés ensemble.

Dans la symétrie du silence qu'Hiram oppose à ses agresseurs, protégeant ainsi son secret, une parole de substitution est dévoilée au maître qui l'interroge sur le sens ontologique et métaphysique du silence et de la parole. Cette parole refondatrice est un labyrinthe qui égare et cependant conduit vers la recherche de cette parole perdue. Cette quête de Vérité, représentée par Platon sous l'allégorie de la sortie de la caverne, se fait en remontant de la signification jusqu'à la plénitude du sens. Si la perfection était là dès l'origine, c'est vers cette origine que doit tendre le maître pour retrouver l'essence des choses.

Si l'on restitue la forme correcte des mots substitués du degré de maître, on s'aperçoit, dit René Guénon, que «ces mots, en réalité, ne sont pas autre chose qu'une question, et la réponse à cette question serait le vrai mot sacré ou la parole perdue elle-même, c'est-à-dire le véritable nom du Grand Architecte de l'Univers». Si la Parole perdue s'apparente à un des noms du GADLU (entendue comme la Divinité créatrice et organisatrice), le travail de recherche devrait s'articuler autour du Nom, de l'Essence et de l'Être.

La substitution de la parole perdue par le mot sacré, substitution du corps par l'esprit, fonde la valeur initiatique du 3ème degré. La parole audible ne serait que la partie inférieure du sens, l'initié doit en découvrir la partie céleste, subtile ou volatile (et donc non verbale!). La substitution renvoie à un au-delà, à un invisible. Pour atteindre le sens, il faut en référer à un au-delà qui appartient à l'esprit ou qui n'est qu'esprit. Le sens est donc ce qui se substitue à une réalité invisible ou sacrée. Des eaux inférieures il nous faut remonter vers les eaux d'en haut. Comme la philosophie même de la Franc-Maçonnerie nous enseigne qu'il ne peut y avoir de mort sans résurrection - pas de décadence sans restauration ultérieure - sur le même principe, il s'ensuit que la perte de la Parole doit supposer son rétablissement éventuel[77].

Le nouveau maître est la substitution vivante au maître Hiram bien mort. Cette substitution a valeur de matérialisation de l'absence.
Mais elle n'est qu'un maillon d'une longue série de substitutions successives dans la progression initiatique: le passage d'un grade à l'autre nous permet de découvrir, par le truchement de la substitution de nouveaux symboles à d'autres, que c'est précisément par le jeu des substitutions successives de signes qu'émerge le sens»[78].

L'histoire de la Franc-Maçonnerie atteste une entreprise effrénée de création de Hauts Grades à la recherche de la Parole perdue. Les auteurs de la légende fondatrice l'avaient-ils construite volontairement comme un récit ouvert ou n'avaient-ils pu que la laisser inachevée? se demande Roger Dachez.

Un langage apologique, métaphorique, allégorique ou symbolique laisse place aux interprétations multiples et s'oppose à une parole figée, à un sens fixé. Comme le dit Marc-Alain Ouaknin, les sept couleurs de l'arc-en-ciel font obstacle à la couleur blanche de l'idéologie.

---

[77] Mackey, *Encyclopedia of Freemasonry and its kindred sciences*, au mot *Lost word*, p.1113: <tinyurl.com/Mackey-lost-word>.
[78] Christophe Vallée. Pour lire son article complet sur le thème de la substitution: <tinyurl.com/la-substitution>.

12 LA PAROLE QUI NE PEUT ÊTRE PRONONCÉE, LE TÉTRAGRAMME

À un disciple qui lui avait demandé, par trois fois, de lui parler de l'Advaita, le sage Yàdnavalkya répondit que la meilleure description de l'Advaita était le silence, toute description étant *dvaita* (dualité). Si nous essayons, en effet, de définir l'Absolu, nous nous servirons d'expressions finies, antinomiques, car nous ne pouvons en concevoir d'autres. Toute expression est donc inadéquate à l'Absolu, qui est au-dessus et au-delà du fini, de toute antinomie et de toute parole. Strada se contentait, avec raison, de l'appeler le *Superantinomique* ou *le Préantinomique, c'est- à-dire* au-dessus ou avant toute antinomie, audessus ou avant toute création, en dehors de toute contingence, de toute relativité. C'est à tort même qu'on essaie de le nommer, car lui donner un nom, c'est le particulariser, le personnaliser, l'opposer par cela même à tout ce qui a un nom, c'est-à-dire aux autres êtres.

C'est pour avoir méconnu cette vérité que tant de philosophes et de théologiens, croyant définir l'Absolu, le Dieu non manifesté, n'ont en réalité défini ou tenté de définir que le Créateur, la cause première.

Celle-ci, c'est le Père des chrétiens, Brahman ou Brahmâ, la première séphirah des kabbalistes, la Couronne, l'Ancien ou le Grand Visage.

Prononcer ce Nom en vain était un crime passible de la peine capitale dans la loi Juive. Pour les juifs, ce nom, (dont la vocalisation, si elle a jamais existé ou seulement été prononcée par le grand prêtre du temple de Jérusalem n'est pas connue), ne doit pas être vocalisé en vertu du troisième commandement, traduit par: «tu ne prononceras pas le nom de YHWH en vain…», car c'est ce nom sacralisé qui résidait dans le sanctuaire du Temple et pas YHWH lui-même (Deutéronome 12; I Rois,8,27: mais est-ce qu'en vérité Dieu résiderait sur la terre? Alors que le ciel et tous les cieux ne sauraient te contenir, encore moins cette maison que je viens d'édifier! Et I Rois,29: que tes yeux soient ouverts nuit et jour sur cette maison, sur ce lieu dont tu as dit: Mon nom y règnera). Ainsi, un vocable de substitution est toujours utilisé pour le prononcer.

Selon Thomas Römer, lorsque les rois d'Israël décidèrent de vénérer un autre Baal, celui de la Phénicie (l'actuel Liban), il y eût des mécontentements, des résistances: ce qui indique probablement que Yahvé était, lui aussi, une sorte de Baal, c'est-à-dire un dieu de la fertilité et de l'orage. (C'est un dieu guerrier, qui correspond au Seth des Égyptiens comme Baal du nord du Levant, un dieu qui protège les siens par la guerre.) Il est également représenté comme un personnage qui dompte des animaux sauvages, souvent des autruches. Si Yahvé est dompteur d'autruches, cela signifie qu'il contrôle la nature, ce qui est important pour un peuple nomade:[79] Pour un résumé bien pensé voir aussi *Le Royaume des Hébreux, Les Civilisations Antiques,* une étude d'Arcana par Ludovic Richer[80].

Une de représentations du dieu des israélites, dont l'essence est inaccessible, le tétragramme יהוה ou tétragrammaton, YHWH, est un nom hébraïque se composant des quatre lettres hébreux (*yod, hé, waw, hé*) que l'on trouve écrit sous la forme YHVH, YHWH ou JHWH. La permutation des lettres de ce mot permet l'apparition de l'être parlant (a été, est et sera).

Le tétragramme est utilisé 1820 fois dans le Pentateuque et 6499 fois dans l'Ancien Testament. Ce nom, par lequel le Dieu des hébreux se nomme à Moïse, «je serai ce que je serai», est traduit par Marc Alain Ouaknin comme: «je serai celui qui continuera à dire en permanence que je serai». C'est donner au tétragramme une signification à la fois ontologique pour l'humain qui n'est qu'un potentiel d'être, et cosmologique pour l'univers en expansion. Notons que Plutarque, dans son traité sur Isis et Osiris, nous apprend que, bien antérieurement à Moïse, «en la ville de Saïs, ancienne capitale du royaume de ce nom, située au centre du Delta, cité fameuse par sa richesse, ses temples et ses palais, une statue d'Isis était placée au fronton d'un sanctuaire vénéré. Au-dessous d'elle se trouvait gravée cette inscription: Je suis tout ce qui a été,

---

[79] *La filature d'un théologoen suisse pour connaître l'origine de Dieu*: <tinyurl.com/connaitre-lorigine-dieu>.
[80] Vidéo, Ludovic Richer, *Le Royaume des Hébreux - Les Civilisations Antiques*: <tinyurl.com/Le-Royaume-des-Hebreux>.

qui est et qui sera. Nul mortel n'a levé le voile qui me couvre» Cela fait-il de Moïse un plagiaire ou un disciple? Une affirmation d'identité de deux noms de Dieu est écrite au verset 4,39 du *Deutéronome*, verset utilisé comme référence: YHVH hou haElohim (הָאֱלֹהִים הוּא יְהֹוָה), IHVH est l'élohim. Le nom divin de forme pluriel Élohim apparaît dès le premier verset de la Genèse où il incarne le Nom dans la création. Il y figure donc comme un déterminatif de toutes les forces. Ce Nom sera celui des attributs de la rigueur et de la justice alors que le Nom Tétragramme sera celui de la Miséricorde résidant dans l'Unique (Roland Bermann).

Au XIIIe siècle, le rabbin Joseph Gikatila précisait: Vous devez savoir qu'il y a 54 noms quadrilatéraux connectés à YHWH qui s'additionnent aux 216 lettres. Ces 54 noms contiennent le secret pour le dessein de la puissance de tout ce qui existe dans le monde; ils sont comme l'âme des 216 lettres qui sont contenues dans les versets [de la Bible…].
Pour les kabbalistes, parmi les 70 noms de Dieu, il existe neuf autres noms du Dieu correspondant chacun à une séphira: Adonaï (Adny), valeur 65; Yah, valeur 15, formé du yod masculin et du Hé féminin, il représente la force d'unité du monde d'en haut et du monde d'en bas; El, valeur 31; Eloha, nom formé à partir du précédent auquel s'ajoute les deux dernières lettres du tétragramme, valeur 42; Elohim, un pluriel intrigant, valeur 86; Elyéh, signifiant «Je serai», valeur 21; Chaddaï, régulant l'équilibre des forces de la nature entre désordre et organisation, valeur 314; El Chaddaï, valeur 345, de même valeur que le nom hébreu de Moïse; Tsevaot, qui peut être traduit par Armée de lettres, ce serait le nom de Dieu manifesté dans les textes, valeur 499.

La valeur guématrique du tétragramme est 26.
À remarquer que l'alcool éthylique que contient le vin (ce qui le différencie du jus de raisin) a pour formule chimique C2H5OH, formé de 26 électrons (12 de Carbone (6×2) + 5 d'hydrogène (5×1) + 8 d'Oxygène (8×1) + 1 hydrogène). Bénir avec du vin, c'est bénir avec le tétragramme!

On trouvera avec neuf leçons de Thomas Römer au Collège de France une approche historique, archéologique et sacerdotale des plus érudites.[81] Dans le premier catéchisme maçonnique français de 1745, *Le vrai catéchisme des frères francs-maçons rédigé suivant le code mystérieux et approuvé de toutes les loges justes et régulières*, on peut lire: St Clément d'Alexandrie dit que ce grand nom était *Jao*, d'autres auteurs le prononcent *jaod* et les juifs pensaient que c'était simplement *Ja* (*Ia* en est la prononciation allemande du J)… Néanmoins, le nom d'*Ia* a été comme consacré dans l'écriture et dans les prières publiques à la fin des psaumes où se chante *Allelou-Yah*, louez celui qui est.

Les anciens traduisaient יהוה par *Anekphoniton*, l'ineffable. Toutefois, les chrétiens l'ont parfois transcrit dans les traductions par Yahvé, Yahweh ou Jéhovah, en superposant les voyelles d'Adonaï au tétragramme. En le prononçant. Irénée de Lyon atteste que les Gnostiques prononçaient Ιαωθ, *Yao*, d'autres hérétiques Ιαώ, Yahou. Ce dernier nom se trouve en grec dans un fragment de

---

[81] Vidéos de Thomas Römer, *Le dieu Yhwh: ses origines, ses cultes, sa transformation en dieu unique*: <tinyurl.com/Cours-Romer>.

texte retrouvé chez les Esséniens datant du 1er siècle avant J. C.

Théodoret de Cyr (Ve siècle) dans *Quaestiones on Exodum*, rapporte: les Samaritains appellent dieu Ιαβέ, *yahé*, et les juifs Ἀϊά, *Aya*. Cependant, depuis le début, l'Église catholique préconise de remplacer YHWH par l'appellation «le Seigneur». Chaque traduction de la Bible a pris des options différentes. Ainsi, la Bible de Jérusalem a choisi de rendre le tétragramme par Yahvé (ce que faisait également la traduction de Crampon en 1928), la TOB (Traduction Œcuménique de la Bible) le notifie par LE SEIGNEUR (en majuscules) comme la *Nouvelle Bible Segond* et André Chouraqui le rend par une superposition des deux mots «Adonaï sur IHWH».

Pour des traductions des noms de D.eu, écouter le podcast de l'émission Talmudiques avec Marc-Alain Ouaknin sur France culture.[82]

On peut se demander si le Tétragramme serait imprononçable parce que formé uniquement de consonnes (sans ponctuations massorétiques permettant une vocalisation) ou imprononçable car composé uniquement de voyelles. Jéhovah est ainsi, une association entre les consonnes de YHVH et les voyelles d'Adonaï pour une prononciation de substitution permettant de vocaliser le tétragramme. Jehova signifie la présence du tétragramme, tout en rendant visible qu'il ne faut pas essayer de prononcer le Nom de Dieu. La Parole retrouvée ne pourra se dire, elle sera seulement montrée. Cela veut dire que la vision suprême, révélatrice de l'ultime «réalité», ne peut être dite. Mais, prononcer le

---

[82] À partir de 19'41: <tinyurl.com/Marc-Alain-Ouaknin>.

mot «amen», אמן (dont la valeur numérique est 1+40+50 = 91) c'est rendre audible l'association du Tétragramme imprononçable, יהוה (YHWH: 10+5+6+5=26) avec son nom de substitution, אדני, Adonaï (1+4+50+10=65). On peut penser également que Jéhovah est une association entre les consonnes de YHVH et les voyelles d'Adonaï pour une prononciation de substitution permettant de vocaliser le tétragramme. Pour faciliter la lecture, ce sont les Massorètes (savants juifs) qui ont fixé le texte hébreu de la Bible avec les voyelles entre le VIe et Xe siècle. Le tétragramme se prononce soit Yahvé soit Jéhovah. La première utilisation de cette dernière forme date de son utilisation par le moine espagnol Raymundus Martini dans son *Pugeo Fidei*.

Selon le kabbaliste Eric Daniel El-Baze, les trois personnages bibliques qui seront élevés (avant le Don de la Torah) dans la conviction de l'existence d'un D.ieu Unique et Éternel sont Joseph, Jacob et Isaac. Parce que ces 3 personnages représenteront au cours de l'Histoire biblique la figure du Juste (le Tsadik), tous auront un nom multiple de 26 pour que soit scellée en eux l'Alliance au Divin. Ainsi, Yossef (Joseph) devenu vice-roi d'Égypte, symbolisera dans la Torah la maîtrise sur les forces de la matérialité; pour cette raison, son nom a pour valeur 156 ou 6 x26, allusion aux 6 jours de la création. Concernant Yaacov (Jacob), puisqu'il deviendra le Père d'Israël, son nom égal à 182 ou 7x26 sera directement lié à la Spiritualité du 7ème Jour, le Jour du Shabbat qui sanctifie la création. Enfin, Its'hak (Isaac) ou 8x26 soit 208, symbolisera tout au long de l'histoire le 1er enfant juif à avoir été circoncis (Brit Milah) à l'âge de 8 jours (*Secrets de Kabbale, Livre 1, Béréchit*, Éditions Édilivre). Pourquoi son nom est-il Isaac? Parce la lettre

Yod correspond aux dix épreuves. Le Tsadé correspond aux quatre-vingt dix ans de Sarah quand elle lui donna naissance. Le Ḥeth correspond aux huit jours au bout desquels il fut circoncis. Le Koph correspond aux quatre cents ans d'Abraham quand il naquit[83].

Il est aussi appelé *Shem Hamphorasch*, expression hébraïque, signifiant le Nom Séparé. Le Tétragramme est ainsi appelé parce que, comme Maimonide, dans le *Guide des Perplexes*, tous les noms de Dieu sont tirés de ses œuvres, sauf le Tétragramme, qui est appelé le nom séparé, parce qu'il est dérivé de la substance du Créateur, dans laquelle il n'y a aucune participation, c'est-à-dire, ce nom indique l'essence de Dieu qui existe par soi-même et séparée de Ses œuvres. Il s'agit d'une forme issue de la racine trilittérale (HYH) du verbe «être».

YA-HU-AH est le nom d'une ancienne divinité du panthéon sumérien, signifiant [en sumérien] source de vie. Il est à remarquer que le mot existence, en hébreu *havaya* (hé, vav, yod, hé), a les mêmes lettres que YHVH. Le hé est une fenêtre vers l'extérieur, une ouverture vers une vie spirituelle. La calligraphie de la lettre Hé peut être formée de la lettre dalet et d'un seuil au-devant qui est soit un waw, soit un yod. Dans le premier cas, le hé est appelé דו *Dow*, dans le second cas, il est appelé די *Dy*. Dans le nom tétragramme yod-hé-waw-hé, le premier hé est un *dow*, le second, appelé petit hé, est *dy*. L'association

---

[83] Jean-Yves Legouas *Le messie dans la littérature biblique et rabbinique*, p.420: <fichier-pdf.fr/2018/08/24/le-messieu-dans-la-litterature-biblique-et-rabbinique>.

des deux «hé» donne l'expression דוֹדִי *dowdy*, «mon amant», l'amant du Cantique des cantiques.

Moïse aurait imposé cette désignation par le tétragramme à une peuplade de nomades, les Hébreux, inspiré par le culte madianite de son beau-père, le prêtre Jethro de la parenté d'Abraham[84].

Le Tanakh (la Bible hébraïque) rapporte que cette expression fut entendue par Moïse au sommet du mont Horeb dans le désert du Sinaï.

Il parait pour la première fois dans le Texte, et seulement lorsque l'Être des êtres, ayant accompli l'acte souverain dont il avait conçu la pensée, se rétablit lui-même dans son immuable séïté en génèse 2, 4. Ce nom offre d'abord le signe indicateur de la vie, doublé, et formant la racine essentiellement vivante הה. Cette racine n'est jamais employée comme nom et c'est la seule qui jouisse de cette prérogative. Elle est, dès sa formation, non seulement un verbe, mais un verbe unique dont tous les autres ne sont que des dérives: en un mot, le verbe הוה, «être-étant». Le signe de la lumière intelligible est au milieu de la racine de vie. Moïse prenant ce verbe par excellence pour en former le nom propre de l'Être des êtres, y ajoute le signe de la manifestation potentielle et de l'éternité, et il obtient יהוה, dans lequel le facultatif «étant» se trouve placé entre un passé sans origine, et un futur sans terme. Ce nom signifie donc, l'être-qui-est-qui-fut-et-qui-sera. On considère qu'il atteste de la création à travers ses 4 éléments: le Yod est pris pour représenter l'élément feu, Hé (prime) l'eau, Vav l'air et Hé (final)

---

[84] Vidéos de Thomas Römer, *Le dieu Yhwh: ses origines, ses cultes, sa transformation en dieu unique*: <tinyurl.com/Cours-Romer>.

l'élément terre. Le tsérouf du tétragrame est הויה, *avahia*, qui veut dire existence.

Quelques fois il apparaît ainsi écrit אהוה; le targoum chaldaïque le rend par trois yod: ייי, les trois éternités ou éternité des éternités.

Consulter l'indispensable texte de Mathias Delcor, pour approcher les *diverses manières d'écrire le tétragramme sacré dans les anciens documents hébraïques*[85].

Dans sa forme guématrique cumulative dynamique, le tétragramme fait apparaître qu'il contient les 72 noms du Dieu des hébreux (יהוה+יהו+יה+י soit $10+15+21+26=72$)[86].

En termes Kabbalistiques, les quatre lettres du Tétragramme se divisent en deux combinaisons: Yod-Hé et Vav-Hé. La première représente le monde caché tel qu'il fut conçu dans l'Esprit Divin (la lettre Yod un point symbolisant la Hokhmah Divine; Hé dimensionnelle symbolisant Binah). La dernière combinaison représente les mondes effectivement créés, les mondes révélés, y compris notre monde matériel. Le nom de quatre lettres (מצפץ) n'est rien d'autre que le Tétragramme translittéré selon une méthode guématrique qui prévoit le remplacement de la première lettre de l'alphabet par la dernière, de la deuxième par l'avant-dernière et ainsi de suite.

Le Zohar propose, comme forme ésotérique du tétragramme, une épée: le yod est le pommeau, le vav est la lame, les deux hé sont les deux tranchants.

---

[85] <tinyurl.com/manieres-ecrire-le-tetragramme>.
[86] Voir l'article de Johan Dreue, *Shem hamphorash ou les 72 noms de Dieu*: <tinyurl.com/les-72-noms>.

Dans la liturgie chrétienne le tétragramme est remplacé par les mots *Kurios* en grec, *Dominus* en latin, *Seigneur* en français. On peut se demander si le Tétragramme serait imprononçable parce que formé uniquement de consonnes (sans ponctuations massorétiques permettant une vocalisation) ou imprononçable car composé uniquement de voyelles. Ainsi, dès le Moyen Âge, certains chrétiens ont lu à haute voix YHVH en appliquant la vocalisation du terme Adonaï (le shem adnout), intercalant les trois voyelles a, o et a, obtenant ainsi le nom Jahova (le j est la lettre allemande pour la prononciation ïa) Cependant, durant tout le XXe siècle, le catholicisme a utilisé de préférence la transcription Yahvé pour les éditions non liturgiques de la Bible. Mais sur directive papale, la Congrégation pour le culte divin et la discipline des sacrements, se référant à la Vulgate traduite par Saint Jérôme, a décrété en 2001 que le tétragramme se traduit en latin par *Dominus* et doit être rendu dans chaque langue vernaculaire par un mot de la même signification.
Les Bibles protestantes traduisent et prononcent le tétragramme par l'Éternel.

Le mystère inépuisable du nom par lequel s'est révélé le Dieu des Hébreux est ainsi chosifié par les dogmes, engendrant une tyrannie de l'interprétation, une appropriation cléricale des commentaires.
Fondé sur le verbe être, le tétragramme s'oppose au dieu idolâtré Baal (traduit par propriétaire, seigneur), représentant le verbe avoir.

Au tout début de ce qu'on a appelé la Franc-maçonnerie se trouvait un dogme: croire en Dieu.

Dans les premiers catéchismes maçonniques, le compas symbolisait YHVH, l'équerre symbolisait la croix de Jésus de Nazareth.

Le mot Dieu est connoté et porte en lui-même une limitation rationnelle. Si les premiers maçons (et actuellement tout ce qui découle de la maçonnerie anglaise) avaient cette obligation d'une croyance il faut reconnaître que cela a bien changé pour les obédiences françaises. Il en reste, cependant, des traces visibles dans la présence du tétragramme dans le temple maçonnique. Le tétragramme apparaît parfois dans le Delta lumineux, où il peut être remplacé (rarement) par quatre traits verticaux.

Historiquement, en Franc-maçonnerie, le nom de Jéhovah et celui d'Hiram furent étroitement associés. On retrouve ainsi le nom Jéhovah parfois dans un triangle, sur la tombe d'Hiram, ou sur le bijou du maître jeté lors de sa cérémonie d'élévation au grade de maître.

Sa signification claire est démontrée par toutes les Divulgations françaises, avouée par Coustos aux inquisiteurs portugais en 1732: Hiram est l'incarnation de Jéhovah. Cette idée a offusqué beaucoup de francs-maçons, d'où de nombreuses variantes. En regardant le tableau du 3ème grade extrait des *Divulgations* de 1742, on peut s'interroger sur l'identité du mort enseveli. À l'époque (ce qu'en dit la Bible) le tombeau en question est mis dans le Saint des saints, or celui-ci ne peut être habité que par Jéhovah. Ainsi, l'inhumation du cadavre dans une tombe marquée du nom Jéhovah, la tentative de le redresser (alors qu'il est déjà pourri), l'échec de cette tentative et l'inhumation finale dans le Saint des saints sont des arguments pour défendre cette version.

À l'origine, Prichard avait donné l'idée générale de l'épisode Hiram, Léonard Gabanon en établit le canevas (1740) et l'abbé Pérau compléta la mise en scène du psychodrame en 1742 dans le *Trahi*. Sobre au début, le scénario se compliqua par la suite de détails et d'explications souvent différentes les unes des autres.

Dans les instructions du RF on lit: «Et d'abord il [Salomon] fit faire un tombeau des plus superbes dans le sanctuaire et reprenant notre Maître par les mains avec les cinq points de perfection, il le fit inhumer et mettre dans le cercueil, faisant mettre une plaque d'or dessus où il fit graver l'ancien mot de Maître qui était Jéhovah».

Pour libérer les maçons de ce mot Dieu (que l'on trouve au deuxième degré dans l'interprétation anglaise de la lettre G de l'étoile flamboyante par God) il a fallu trouver un substitut: le GADL'U. Dans une vision antithéiste, Pierre-Joseph Proudhon écrit [je le cite bien qu'il fût judéophobe!]: Chaque maçon peut alors travailler à chercher le sens profond de ce principe de base. Le Dieu des Maçons n'est ni Substance, ni Cause, ni âme, ni Monade, ni Créateur, ni Père, ni Verbe, ni Amour, ni Paraclet, ni Rédempteur, ni Satan, ni rien de ce qui correspond à un concept transcendantal. Toute métaphore est ici écartée. C'est la personnification de l'équilibre universel. Il est l'architecte; il tient le compas, le niveau, l'équerre, le marteau, tous les instruments de travail et de mesure. Dans l'ordre moral, il est la Justice[87].

Les premiers à utiliser le nom de Jésus sous une forme hébraïsée Yeshouah ou Yeheshuah sont les occultistes de la Renaissance de la première moitié du XVIᵉ siècle. À la

---

[87] André Combes *Pierre Joseph Proudhon et la Franc-Maçonnerie*: <tinyurl.com/dieu-et-gadlu>.

suite de Pic de la Mirandole, ils font dériver ce nom du Tétragramme hébraïque YHVH (יהוה) en lui ajoutant un Shin (ש) au milieu afin de produire le **Pentagrammaton** YHSVH (יהשוה) qui serait la translittération latine de JHSVH ou IHSVH ou IHSUH dont les trois premières lettres sont le monogramme IHS/JHS du nom de Jésus (dérivé du grec IHΣ). «Par la lettre shin, qui est au milieu du nom de Jésus, il nous est signifié cabalistiquement que le monde repose parfaitement comme en sa perfection quand la lettre yod est unie à la lettre vav, ce qui est réalisé dans le Christ qui fut le vrai Dieu, fils et homme».[88]

Selon Jean Reuchlin (vers 1517), l'histoire de l'humanité peut se répartir en trois périodes: la première, celle de la nature, pendant laquelle Dieu se révèle aux patriarches sous le trigramme de Shaddaï (שדי); la seconde, celle de la Loi, pendant laquelle Dieu se révèle à Moïse sous le Tétragramme (יהוה) [prononcé Adonaï] et la troisième, celle de la Grâce et de la Rédemption, pendant laquelle Dieu se révèle aux apôtres sous cinq Lettres, ou Pentagrammaton, YESHOUAH (יהשוה):«*In natura SDI, in lege ADNI, in charitate IHSVH*». (Dans la nature SDI, dans la Loi ADNI, dans la charité IHSVH).

À l'occasion d'une interrogation «Qui était Yeshoua» un documentaire d'interprétations des sources, à visionner, passionnant sur la gnose (en 10 épisodes).[89]

Le but véritable de ces manipulations «caractérielles» est de montrer qu'avec le nom de Jésus, le tétragramme n'est plus imprononçable, car il est contenu dans l'énoncé du nom du messie.

---

[88] Jean Pic de la Mirandole, *Conclusions cabalistiques :* <academia.edu/10317795>.

[89] Vidéos : <tinyurl.com/Qui-etait-Yeshoua>.

Ce Pentagrammaton sera récupéré et disséminé, *via* le martinisme, dans le magisme du XIXe par l'occultiste Éliphas Lévi, avant d'être récupéré par les mouvements magiques du XXe comme la *Golden Dawn*.

À remarquer que cette écriture hébraïque n'est qu'une construction, la véritable forme grammaticale qui signifie «D. est son aide» étant (יהשוע) avec la racine (יושע) qui signifie «sauveur» comme en Exode,2,17 où Moïse «sauve» les sept filles de Jéthro agressées près du puits par des pâtres.

Pour une approche de la personnalité du messie dans la littérature biblique et rabbinique lire l'ouvrage de Jean-Yves Legouas[90].

---

[90] Yves Legouas, *Le Messieu dans la littérature biblique et rabbinique*: <tinyurl.com/messie-biblique>.

Luminescence des paroles et des silences

À PROPOS DE L'AUTEUR

Jacques-André éditeur
TU, Lettres de Passion, 2001 (Prix Laure de Noves)

Éditions de La Hutte
Pour éclairer le chemin, Une approche philosophique de la Franc-maçonnerie, 2011
Vocabulaire de l'apprenti franc-maçon, 2ème édition, 2012
Vocabulaire du compagnon franc-maçon, 2012
Vocabulaire du maître franc-maçon, 2013
Éléments de tracés avec règle et compas, La concordance maçonnique, 2015
Que signifie tailler sa pierre?, 2015

Éditions ledifice.net
Rassembler ce qui est épars, 2020
Vocabulaire de l'apprenti franc-maçon, 3ème édition, 2020
Vocabulaire du compagnon franc-maçon, 2ème édition, 2021

Éditions Ubik
Il était une fois un mythe, Hiram, 2021
La gestuelle maçonnique, 2021

Numérilivre Éditions
Tracés maçonniques, l'esprit de la géométrie, 2022

Éditions Dervy
Dictionnaire vagabond de la pensée maçonnique, 2017 (**prix littéraire de l'Institut maçonnique de France,** catégorie Essais et Symbolisme)
Franc-maçonnerie. Comment passer du profane au sacré, 2023